Éloge des intelligences atypiques

Dr David Gourion
Séverine Leduc

Éloge des intelligences atypiques

Pas comme les autres, plus que les autres !

Odile Jacob

15, RUE SOUFFLOT, 75005 PARIS

www.odilejacob.fr

ISBN : 978-2-7381-4525-3

Préambule

« Tout le monde est un génie. Mais si on juge un poisson par son habilité à grimper dans un arbre, il passera sa vie entière à croire qu'il est stupide. »

Albert EINSTEIN.

Quels sont les points communs entre Sherlock Holmes, le Docteur House, l'agent Spencer Reid[1], Sheldon Cooper[2], le Docteur Spock[3] et Spiderman ? Certes, ce sont des personnages que l'on retrouve dans des séries télévisées ou des romans mais pas que… Avez-vous remarqué qu'ils sont géniaux mais très maladroits dans leurs relations aux autres ? Ils n'ont pas le sens de l'autre d'où une certaine forme d'autisme. Il leur manque l'intelligence relationnelle. Toutefois cette particularité leur est pardonnée parce que, dans leur domaine, ce sont des hyperexperts.

Ces personnages de fiction ont tous été imaginés avec une certaine fragilité. Ils sont malhabiles dans ce qu'on appelle la communication sociale et pourtant ils fascinent le grand public. L'un a des capacités extraordinaires à percevoir les détails, l'autre à faire des liens entre les symptômes pour découvrir une maladie que personne n'avait vue, l'autre encore est un hyperexpert en physique quantique. Ces êtres exceptionnels le sont car ils ont tous une façon bien à eux de penser et d'envisager le monde qui les entoure. Leur cerveau ne fonctionne pas tout à fait comme celui des autres.

Regardez autour de vous, dans le monde réel, il existe également des êtres particuliers avec des fonctionnements tout aussi étonnants. Avez-vous entendu parler de Daniel Tammet et de son incroyable talent pour réciter pendant cinq heures les milliers de décimales après la virgule du nombre pi ? de Stephen Wiltshire et de sa mémoire eidétique (ou mémoire absolue) lui permettant de dessiner avec une étonnante précision les villes et monuments qu'il a vus, même très rapidement ? de Glenn Gould et de son talent incroyable pour le piano ? d'Andy Warhol ? de George Lucas ? de Mark Zuckerberg ? de Vincent Van Gogh ? La liste est encore longue de ces talents hors norme. Tous peuvent relever de ce que l'on appelle le spectre autistique. Ces êtres, qui ont des difficultés dans les relations sociales, se caractérisent par une pensée profonde et systématique avec un désintérêt marqué pour tout ce qui est superficiel, associée à une hypersensibilité émotionnelle, une hypersensorialité et une capacité phénoménale à mémoriser les moindres détails d'un sujet lorsque ce dernier correspond à leur centre d'intérêt.

Ce spectre est un continuum qui va du mode de fonctionnement neurotypique (c'est-à-dire normal, au sens de ce qui est le plus fréquent, banal) jusqu'aux confins de la neurodiversité autistique, en passant par une infinité de nuances et de formes très différentes les unes des autres. Cette perspective est révolutionnaire, sachant que l'autisme est longtemps resté cantonné à la description de la forme la plus sévère, celle d'un trouble rare touchant une naissance sur plusieurs milliers, se manifestant sous la forme d'un handicap majeur, et à laquelle est associée l'image terrible d'enfants qui ne communiquent quasiment pas et passent leur temps à se balancer dans le coin d'une pièce.

Heureusement des voix se sont élevées, des patients ont commencé à témoigner, le film *Rain Man* a eu un succès incroyable permettant au grand public de découvrir l'autisme. Des chercheurs se sont intéressés à ces questions, des associations de parents d'enfants autistes ont œuvré pour une meilleure reconnaissance des particularités de leurs enfants.

Avec cette nouvelle définition du spectre autistique (vous entendrez aussi parler du syndrome d'Asperger ou TSA si l'on se réfère à la classification américaine), les statistiques montrent que 1 personne sur 59[4] est concernée, ce qui est considérable.

C'est cette particularité neurodéveloppementale avec ses forces et ses fragilités que nous allons décrire dans ce livre.

Les autistes sont donc bien plus nombreux dans le monde que ce que nous pensions il y a quelques années. Ils font partie de la diversité du fonctionnement cérébral (ou neurodiversité) qui caractérise – heureusement – l'espèce humaine. Et l'expression de cette particularité est extrêmement diversifiée, certaines personnes subissent d'importants désagréments dans leur vie quotidienne alors que d'autres présentent juste quelques caractéristiques presque invisibles.

Le mot « autisme » n'est donc pas un gros mot, il ne doit plus faire peur et nous espérons que ce livre contribuera à la compréhension d'une condition encore entourée de beaucoup d'ignorance, de clichés négatifs et de partis pris stigmatisants.

Plus encore, nous souhaitons montrer à travers de nombreux exemples qu'il est possible de tirer parti de ce fonctionnement particulier, d'en faire une force. En prenant conscience de ses véritables potentialités, on améliore son estime de soi et on oriente mieux ses choix de vie. En cessant de voir l'autisme comme un cataclysme, on peut s'ouvrir à tout un monde nouveau, plein de créativité et de richesse.

Cet ouvrage s'adresse autant aux neurotypiques – c'est-à-dire à tous ceux qui ont un fonctionnement cérébral classique (pensée irrationnelle, attirance pour la superficialité et les ragots sans intérêt et mémoire de poisson rouge !) – désireux de mieux comprendre la neurodiversité, cette pensée hyperlogique si particulière, avec ses formidables potentialités hypermnésiques et hypersensorielles, qu'aux neuroatypiques qui s'ignorent. Ils trouveront des pistes de compréhension de leur propre fonctionnement et des conseils pour surmonter leur vulnérabilité et mieux vivre dans une société encore insuffisamment inclusive.

PREMIÈRE PARTIE

Pas comme les autres

Me préoccuper du sens ou du but de ma propre existence ou de celle des autres m'est toujours apparu d'un point de vue totalement objectif, dépourvu de toute signification.
Bien sûr, chaque homme possède ses propres buts vers lesquels il oriente ses efforts et ses choix. Mais, à vrai dire, le bien-être et le bonheur ne me sont jamais apparus comme un idéal absolu (j'appelle d'ailleurs ce principe moral l'« idéal des pourceaux »).
En réalité, les idéaux qui ont inspiré ma route et m'ont sans cesse donné un vrai courage étaient le bien, le beau, le vrai. Sans le sentiment d'être en harmonie avec ceux qui partagent mes convictions, sans la poursuite d'objectifs éternellement insaisissables, dans le domaine de l'art et de la recherche scientifique, la vie me serait apparue absolument vide.
Les buts sans intérêt que poursuivent la plupart des humains, la possession de biens, le succès extérieur, le luxe, me sont toujours apparus, depuis ma plus tendre enfance, méprisables.
De surcroît, en dépit de mon idéal élevé de justice sociale, je n'ai jamais éprouvé le besoin de me rapprocher des autres humains et de leur société.
Je suis un vrai cheval solitaire ; je ne me suis jamais donné de tout cœur ni à ma patrie ou à mes origines natales, ni à un quelconque cercle d'amis, ni même à ma plus proche famille ; au contraire j'ai toujours éprouvé le sentiment inlassable d'être

un étranger et nécessité un grand besoin de solitude ; ce besoin ne fait que croître avec les années.
Ainsi, je me confronte durement, mais sans regrets, aux limites de l'entente et de l'harmonie avec mes congénères. Sans doute une personne ayant mon caractère perd-elle ainsi une certaine insouciance, mais elle y gagne une large indépendance vis-à-vis des opinions, habitudes et critiques de ses semblables. Elle ne sera pas tentée de chercher à établir sa propre vision du monde sur des bases futiles.

La mère de l'homme (en l'occurrence Albert Einstein[1]) qui s'exprime au travers de ces lignes s'est inquiétée pour son garçon dès sa naissance.

Elle trouvait son petit Albert bizarre : pataud, trop gros, le crâne allongé… On cherchait bien à la rassurer, mais rien n'y faisait. Elle craignait que son bébé soit anormal. La suite a semblé lui donner raison : cet enfant ne parlait pas et préférait jouer seul dans son coin.

Les seules activités qui lui plaisaient étaient la construction inlassable de châteaux de cartes et l'assemblage des petites pièces de bois. Enfant calme et solitaire, il ne partageait pas les jeux de ses camarades ; à l'âge où les autres petits garçons jouaient aux chevaliers et aux petits soldats, il se désintéressait des cadeaux qu'on lui offrait. Mais un jour, à la surprise générale, vers l'âge de 4 ou 5 ans, alors que son oncle Caesar lui apportait une boussole, le petit Albert tomba littéralement en pâmoison, demeurant des heures entières dans un état de fascination extatique devant cet objet qu'il refusait désespérément de rendre, observant le comportement saccadé et erratique de la petite aiguille aimantée. On avait l'impression qu'il assistait à un vrai miracle !

Enfant rêveur, il semblait toujours ailleurs, perdu dans un monde bien trop lointain pour que l'on puisse l'y rejoindre. Son langage progressait trop lentement au goût des adultes et il répétait inlassablement chaque phrase qu'il venait de prononcer en remuant doucement les lèvres et en tournant en rond dans la pièce.

Ces comportements insolites devenaient de plus en plus évidents aux yeux de tous, y compris auprès des autres enfants, ce qui contribuait à l'isoler davantage : on se mit à se moquer de lui et à l'éviter.

D'un seul coup, vers l'âge de 9 ans, le langage d'Albert s'étoffa très rapidement. Mais, d'une certaine façon, c'était presque pire car cela le rendit encore plus bizarre ! Tout ce qu'il disait était exprimé dans un langage bien trop sophistiqué pour un enfant de son âge ; avant d'être prononcé, chaque mot était mûrement et longuement soupesé avant de prendre place dans une phrase précise, logique, rationnelle, interminable, dépourvue d'émotion. Il donnait l'impression de parler interminablement comme un petit professeur avec qui la discussion devenait vite pénible, ce d'autant que le point de vue de son interlocuteur ne semblait ni l'intéresser ni le préoccuper le moins du monde !

Son calme apparent laissait place, parfois, après une frustration tout à fait minime, à des tempêtes de colère impressionnantes qu'il était impossible de calmer. Poussée à bout, sa professeure de cours particuliers à domicile finit par jeter l'éponge et par donner sa démission.

Toutefois, l'entourage du petit Albert pressentait chez lui une forme d'intelligence singulière qui se révéla au grand jour lorsque, pour ses 12 ans, son oncle lui offrit un livre de géométrie qui n'était pas de son âge mais dont il comprit le contenu avec une vitesse et une facilité déconcertantes. De ce cadeau singulier naquit une passion dévorante pour les mathématiques et la physique dont les développements et les aboutissements révolutionnèrent la science et bouleversèrent le cours de l'humanité à tout jamais.

En dépit de ses résultats spectaculaires en mathématiques, la scolarité de l'élève Einstein demeurait médiocre. Albert ne travaillait que sur les sujets qui le passionnaient, il n'aimait pas le lycée, tant s'en faut, et restait assis tout au fond de la classe affichant le sourire niais du cancre, jusqu'à ce qu'un jour, son professeur principal, définitivement exaspéré par cette attitude qu'il jugeait désinvolte et provocatrice, s'écrie : « Votre attitude suffit à elle seule à saper le respect dû par une classe à son maître ! » Il fut renvoyé par ce professeur ; on imagine que ce dernier dut s'en mordre les doigts quelques années plus tard en lisant le nom de son élève dans tous les journaux…

Par la suite, Albert Einstein réfléchit durant toute sa vie à la problématique de l'inadéquation de l'éducation face aux singularités des enfants : « Le pire, me semble-t-il, est atteint lorsqu'une école travaille principalement en usant de la crainte, de la contrainte et d'une autorité artificielle. Un tel traitement détruit chez l'élève la saine perception qu'il a de la vie et sa confiance en soi. Il est relativement simple de préserver l'école de ce mal pire que tout, en donnant aux professeurs aussi peu de moyens coercitifs que possible, de sorte que l'unique source de respect des élèves à l'égard de leur maître réside dans les qualités humaines et intellectuelles de celui-ci. »

Et lui qui affirmera qu'« inventer, c'est penser à côté » s'étonnera à la fin de sa vie de s'être finalement autant consacré aux autres alors qu'il était fondamentalement solitaire !

Einstein n'était pas un as des relations sociales ; même au sommet de la célébrité, il vécut seul et bien caché au milieu des autres, ce qui ne l'empêcha pas de faire rayonner ce qu'il y avait de plus profond en lui.

CHAPITRE 1

Au petit théâtre social

« Beaucoup parler de soi peut aussi être un moyen de se cacher. »

Friedrich NIETZSCHE,
Par-delà le bien et le mal.

Certains adorent rencontrer de nouvelles personnes, aller dans des soirées ou des fêtes de famille et la présence continue de proches ou de connaissances autour d'eux est un ingrédient essentiel de leur bonheur ; ils adorent recevoir plein d'amis, sont capables de préparer sans stress des repas pour de vastes tablées, leur porte est toujours ouverte aux copains de passage qu'ils accueillent le sourire aux lèvres. Ils semblent naturels et détendus en toutes circonstances ; ils plaisantent gaiement et sont très à l'aise dans les conversations, ce sont des « boute-en-train » ; ils préfèrent passer leurs vacances et leurs week-ends en compagnie. Ils ont besoin du groupe pour vivre, comme ils ont besoin d'air pour respirer.

À l'inverse, il y a les adeptes du « pour vivre heureux, vivons cachés ». Ils redoutent ces moments en société qu'ils considèrent comme une corvée. Ils préfèrent rester au calme chez eux, avec un bon livre ou un bon film. Et quand ils souhaitent avoir de la compagnie, ils aiment choisir où, quand et avec qui... si possible des gens qu'ils connaissent bien, en qui ils ont confiance et avec qui ils ont des sujets d'intérêt commun. Rien de plus difficile pour eux que de devoir parler de tout et de rien à des inconnus : que dire, parler du temps qu'il fait, du dernier film, de leurs prochaines vacances ? Tout cela leur paraît un peu vain et faux, ils ne savent pas faire et ont l'impression d'être les acteurs maladroits d'une pièce de théâtre futile ou chacun perd son temps. Ils ont l'impression désagréable de ne pas avoir grand-chose à dire. Leur estime d'eux-mêmes est souvent basse ; ils ont le sentiment de n'être pas intéressants. Mais parfois c'est l'inverse ; ils ont l'impression que les gens en général sont stupides et n'ont rien d'intéressant à leur apprendre, qu'ils ne méritent pas leur compagnie.

Quand ils ont une obligation sociale, ils sont irrités, stressés, cherchent des portes de sortie et des stratégies plus ou moins élaborées pour s'y soustraire – de la grippe inopinée au décès soudain de la vieille grand-tante imaginaire – et sont très soulagés d'être dispensés de cette sortie qui les enquiquinait profondément.

Quand ils sont obligés d'être en groupe, soit ils sont anxieux, soit ils s'ennuient, le plus souvent les deux. Ils ont le sentiment qu'ils aimeraient être une petite souris qui pourrait se cacher dans un coin de la pièce et attendre en observant tranquillement la scène jusqu'au moment où ils pourraient partir discrètement. Dans une fête, ils battent en retraite dès que possible et sont spécialistes de la fuite à l'anglaise ;

ils sont comme des magiciens capables de disparaître en toute discrétion. Ils ne se sentent bien que quand ils ont regagné l'abri, leur chez-soi.

Différence ou souffrance ?

Bien entendu, chacun est comme il est et cela ne fait que refléter la diversité de la nature humaine. Le fait d'être mal à l'aise avec les autres n'est pas une maladie en soi. Il n'y a pas de honte à préférer le calme et la solitude à la foule. Si certains sont en effet doués pour paraître en public et apprécient la scène sociale, d'autres préfèrent consacrer du temps à leurs centres d'intérêt.

La question est de savoir si cette fuite des relations sociales génère des problèmes ou du stress dans la vie quotidienne. Est-ce que cela rend les contacts avec les autres douloureux ? Est-ce que cela empêche de se réaliser pleinement dans sa vie professionnelle ou dans ses études ? Est-ce que cela crée un isolement affectif et une solitude sentimentale douloureuse ? Enfin, est-ce que c'est un frein au développement harmonieux et à l'épanouissement de sa personnalité ?

Parfois, la réponse est oui. Il est alors intéressant de s'y arrêter un instant et de consacrer quelques instants précieux que nous prenons rarement pour réfléchir sur soi et prendre conscience de notre mode de fonctionnement : qui suis-je ? Quels sont mes objectifs, mes buts profonds dans l'existence ? Comment y parvenir ? Quelle est la personne que j'aimerais devenir ?

Pour répondre, prêtons-nous au petit jeu qui consiste à imaginer que nous sommes dans une machine à remonter le temps. Nous mettons la machine en marche et nous avançons de cinq ans. Maintenant, sortons de la machine et essayons de visualiser notre vie à ce moment-là : qu'aimerions-nous que celui ou celle que nous serons devenu(e) dise de sa vie ?

Lorsque nous proposons cet exercice en consultation, il n'est pas rare que nos patients aient besoin d'y réfléchir quelques jours avant de répondre. Leurs attentes sont souvent très réalistes : ils ne disent pas qu'ils sont devenus millionnaires en gagnant au Loto, ni qu'ils ont atteint un quelconque nirvana, mais plus simplement qu'ils se sentent bien dans leur peau, qu'ils ont construit des choses simples qui les rendent heureux ; pour certains un nouveau métier qui leur apporte plus de satisfactions, pour d'autres une relation sentimentale ou une famille. Mais tous soulignent la même chose : le sentiment de bien-être et d'apaisement. La paix, tout simplement. Une première clé est peut-être là…

Les anxieux, les isolés et les timides ne déclarent pas non plus qu'ils aimeraient s'être transformés en spécialistes des mondanités ou en animaux politiques. Tous, nous raisonnons en termes d'estime de soi : devenir la personne que j'aimerais être, avoir vécu des expériences, avoir aimé, rendu quelqu'un heureux, acquis des connaissances, apporté une contribution à la société et construit des choses qui, si possible, font de moi quelqu'un de bien.

Une fois définie la personne que nous voudrions être et la vie que nous aimerions avoir, la question suivante est simple : que faudrait-il mettre en œuvre ou changer pour y parvenir ? Et c'est précisément la partie la plus intéressante, celle qui force à se mettre à nu, à regarder ses propres mécanismes de fonctionnement pour réussir à identifier ce qui fonctionne

et ce qui ne fonctionne pas. S'agit-il de gagner en confiance en soi ? d'avoir des relations plus harmonieuses avec ses proches ? ou bien de créer un meilleur environnement de vie ? ou de rencontrer quelqu'un ? Et, si oui, allons plus loin : comment y parvenir, quelles sont les étapes ? Si nous appelions à la rescousse le grand Churchill pour nous aider à répondre, sans doute rétorquerait-il sans se départir de sa sagacité débonnaire : « On vit de ce que l'on obtient ; on construit sa vie sur ce que l'on donne. »

En effet, c'est le cœur même de la réflexion à laquelle nous vous convions dans cet ouvrage.

Les difficultés de communication sociale

La communication est la base de notre construction, de la naissance jusqu'à la mort. Depuis les tout premiers liens des premières minutes de vie, nous dépendons des autres, de leurs soins, de leur amour, de leur attention, de leur aide, de leurs conseils, de l'éducation et des apprentissages qu'ils veulent bien nous donner et la construction de notre identité dépend de leurs capacités d'empathie. Mais, pour recevoir, il faut aussi donner : la réciprocité sociale est le principe de la relation. À l'exception du petit enfant avec sa mère qui n'a pas de devoir de réciprocité – et encore, en réalité il donne énormément par toutes les petites tendresses qu'il échange –, les besoins des autres ne passent plus systématiquement après les nôtres. C'est le difficile apprentissage du passage vers l'adolescence ; la frustration, le non, la nécessité de participer aux tâches du quotidien et au fonctionnement familial, les attentes scolaires et universitaires, et les responsabilités de plus en plus nombreuses qui reposent sur nos épaules. Comme l'écrivait Paul Valéry : « La jeunesse est un temps pendant lequel les conventions sont, et doivent être, mal comprises : ou aveuglément combattues, ou aveuglément obéies[1]. » Justement, faisons-nous œuvre de suffisamment de patience avec les jeunes ?

Car ils ont à faire face à cette charge sociale de plus en plus lourde pour trouver leur place ; il n'est pas simple d'apprendre à négocier avec les autres, à dire non parfois, mais le plus souvent à devoir faire usage de compréhension. Comprendre ce que les autres ressentent, comment ils fonctionnent, comment ils modifient leurs attitudes en fonction des nôtres est une clé très puissante qui permet d'ouvrir bien des portes. La diplomatie n'est pas nécessairement un gros mot, elle permet souvent d'éviter des guerres stériles.

Toutes ces habiletés sociales s'apprennent. Comme pour la natation, certains sont plus doués que d'autres et apprennent très vite, d'autres ne savent pas nager car on ne le leur a pas appris suffisamment tôt ou correctement – bien qu'il ne soit jamais trop tard pour apprendre !

Pour vivre en société, un minimum d'habiletés sociales est donc nécessaire. Certains savent faire naturellement, on leur a appris à « nager » socialement dès leur plus tendre enfance, d'autres barbotent, d'autres enfin boivent systématiquement la tasse. Ils accumulent les malentendus et les faux pas sociaux. Les enfants, qui sont terribles entre eux, sentent très vite qu'ils ont affaire à des maladroits sociaux : ils sont souvent l'objet de moqueries et deviennent les têtes de Turc de leur classe. Adolescents, ils se sentent si malhabiles en société qu'ils finissent par se dire que ce n'est pas leur

« truc », et qu'il vaut mieux éviter les autres. Ils ont un ami ou deux, pas plus, et se disent que les relations sentimentales, c'est pour plus tard. Ils regardent de loin les « grandes gueules » de la classe, avec un mélange d'admiration et de mépris, et se disent qu'ils prendront un jour leur revanche.

Certains souffrent de cette situation et ils aimeraient trouver des solutions. Parfois ils ont lu un grand nombre d'articles de magazines ou de livres sur la question de la confiance en soi, du développement personnel ou du bien-être. Mais cela n'a pas vraiment fonctionné chez eux. D'autres finissent par plus ou moins renoncer, par se dire : « C'est comme ça. »

Parmi ceux qui souffrent de ces difficultés de communication sociale, il y a deux types de personnes : d'une part les phobiques sociaux, ces anxieux qui rougissent dès qu'on les regarde, qui ne supportent pas qu'on lise par-dessus leur épaule ou qu'on les regarde manger, qui ont un trac démesuré dans un grand nombre de situations sociales et qui ont le sentiment qu'on les juge dès qu'un regard se porte sur eux. En réalité, ils savent faire, ils comprennent bien les enjeux de la communication, mais ils se sentent inhibés quand on les observe, telles des tortues qui rentrent la tête quand on les retourne. Comme tous les anxieux, ils ont peur, ils ont honte, mais si on les encourage un tant soit peu, qu'on leur apprend, qu'on les fait participer à des groupes d'affirmation de soi, ils apprennent, développent leurs habiletés sociales et prennent plaisir à communiquer. Ils ressemblent un peu à toutes ces personnes qui sont réticentes à parler anglais non pas parce qu'elles ne savent pas, mais parce qu'elles ont peur de faire des erreurs, d'avoir un mauvais accent et de paraître ridicule. Le langage social est pour eux comme l'anglais : ils connaissent un peu mais préfèrent éviter de peur de perdre la face.

D'autre part, il y a les *caméléons sociaux*, c'est-à-dire ceux qui font semblant : ils n'ont pas vraiment peur de faire, mais ils n'y arrivent tout simplement pas et, de surcroît, ils ne comprennent pas bien la finalité des conventions sociales qui leur apparaissent souvent inutiles, ridicules, illogiques et absconses. S'ils ne pratiquent pas bien le langage social, ce n'est pas par crainte de faire des erreurs, c'est tout simplement que cette langue leur est inconnue. Ils ont beau être très intelligents, brillants, doués, sensibles, ils ne comprennent tout simplement pas pourquoi les autres se comportent comme ils le font. Or le langage social est une langue bien plus compliquée à apprendre que l'anglais : une langue étrangère nécessite d'apprendre du vocabulaire et des règles de grammaire, qui sont claires et identiques pour tout le monde. À l'inverse, le langage social est d'une complexité inouïe : il varie en fonction des personnes et des contextes, il doit tenir compte d'une grammaire flexible et changeante dans laquelle les règles sont à géométrie variable. Ces règles sont même fréquemment transgressées avec le mensonge, la manipulation, la tromperie et la duplicité. Et les caméléons sociaux ne savent pas faire ça : toujours honnêtes et droits, ils se refusent à toute concession, au risque de blesser. Pour eux, les règles sont les règles, on doit les respecter en toutes circonstances. Ne pas dire les choses telles qu'elles sont dans leur esprit leur semble être une marque de duplicité et ils disent donc les choses telles quelles, de façon brutale parfois, sans même se rendre compte qu'ils peuvent faire d'affreuses gaffes.

Candide au pays de Machiavel

À force de temps et d'efforts, les caméléons sociaux apprennent des stratégies alternatives : ils portent un masque qui leur permet de faire semblant, de jouer la comédie sociale, sans en percevoir l'intérêt réel, mais ils y sont obligés au quotidien.

Leur grande intelligence les aide à compenser leur manque d'intuition sociale, mais quand ils sont fatigués ou stressés, les difficultés resurgissent : ils sont mal à l'aise, font des faux pas sociaux, sentent le regard intrigué ou moqueur des autres, se sentent finalement différents. Comme des extraterrestres sur une autre planète : les autres sont une énigme, et ils sont une énigme pour les autres. En conséquence de quoi ils doivent se camoufler, adopter les mêmes comportements, les mêmes façons d'être, au point de ne plus savoir qui ils sont vraiment.

En contrepartie de ces difficultés, ils développent un univers bien à eux, souvent très riche. Ils ont une grande curiosité intellectuelle et se passionnent pour un ou plusieurs sujets d'intérêt qui deviennent des passions dévorantes. Ce sont des personnes créatives et imaginatives, qui ont une intelligence différente, non conventionnelle. Pour ceux qui arrivent à les apprivoiser, c'est une surprise : derrière une carapace un peu froide, nous découvrons avec ravissement une vraie droiture morale, une naïveté touchante, une intelligence foudroyante et fluide et cette incroyable capacité à réinventer le monde avec des yeux d'enfant.

Partant de là, on comprend que le manque d'habileté dans les conduites sociales puisse conduire à ces si nombreux faux pas sociaux que commettent certains dans des situations dont les enjeux pourtant banals leur échappent totalement.

Ces personnes dont les habiletés sociales font défaut sont nombreuses dans notre environnement, nous rencontrons fréquemment des individus parfaitement intelligents, voire plus que la moyenne, qui déroutent par leur manque de savoir-faire social. Depuis leur plus tendre enfance, ces personnes se sentent différentes des autres, mais elles ont développé des capacités de compensation qui leur permettent de se fondre plus ou moins bien dans le paysage. Ces caméléons sociaux ont toujours existé, ils ont questionné de nombreux chercheurs, médecins, psychiatres, sociologues, etc., qui ont fini par leur donner un nom : autistes. Ce terme utilisé en 1943 pour la première fois par un médecin autrichien, Leo Kanner, est aujourd'hui le plus souvent associé à une idée péjorative d'un certain type de fonctionnement global d'une personne. L'année suivante, l'un de ses confrères, Hans Asperger, publie un article exposant le cas de quatre garçons présentant des intérêts particuliers les préoccupant fortement et surtout un manque d'empathie (nous verrons plus loin qu'il ne s'agit pas de cela en réalité), d'une faible capacité à se faire des amis, une conversation à sens unique qui ne tient pas compte des attentes de l'autre et une certaine maladresse motrice.

Pendant longtemps, et encore aujourd'hui, les personnes avec autisme sont essentiellement décrites en termes de pathologie. Les spécialistes décrivent les entraves quotidiennes de ce type de trouble, et il est difficile de trouver des écrits explorant l'aspect positif de ce qui semble être plus une particularité du développement neurologique de certains individus avec leurs faiblesses, certes, mais également leurs points forts.

Il ne s'agit pas de nier le fait qu'être autiste entrave le bien-être de la personne de façon significative ; un commentaire posté sur un réseau social par une jeune femme s'offusquait de certains écrits insistant sur le fait que certains voudraient maintenant les faire passer pour des super-héros, alors qu'elle se plaignait des difficultés qu'elle rencontrait et dont elle décrivait les aspects très invalidants. Il s'agit avant tout de changer le regard porté sur une partie non négligeable de la population qui possède un fonctionnement très différent de ce que nous appelons les « neurotypiques », c'est-à-dire la majorité d'entre nous.

On peut penser que là où le cerveau autistique surpasse le fonctionnement neurotypique dans tout ce qui est lié à l'observation et à la mémorisation des éléments de son environnement avec tous ses détails avec des capacités d'abstraction permettant de modéliser cet environnement autrement, celui des neurotypiques souffre de cécité cognitive mais est nettement plus efficace en cognition sociale. Chaque médaille a son revers, aucun de ces deux styles cognitifs n'est supérieur à l'autre, bien au contraire, ils se complètent. L'espèce humaine sans autistes pourrait bien ne jamais avoir eu la possibilité de maîtriser la géométrie, l'astronomie, l'atome, l'Internet et, bien pire encore, ne goûterait pas la pureté cristalline des notes de Glenn Gould !

Sans les autistes parmi nous, nous en serions peut-être encore à l'âge du feu, peut-être même avant, car il n'est pas impossible qu'un jeune Aspie[2] plus fin observateur que les autres ait remarqué il y a 500 000 ans qu'il suffisait de frotter habilement deux silex pour en faire jaillir les précieuses étincelles et qu'il ait accepté d'y passer des heures sans relâche, seul dans son coin au mépris des repas de famille, des danses et des jeux de séduction avec les jeunes donzelles de la tribu…

Aux confins du spectre

Ce profil de personnalité « caméléon social » que nous décrivons comme intelligent, sensible et peu doué pour les relations sociales peut se retrouver chez de nombreuses personnes. On peut y rencontrer des anxieux sociaux, des surdoués timides ou des personnes qui présentent de très légers traits autistiques – autisme de haut niveau et syndrome d'Asperger.

Chez ces derniers, certains, comme Einstein, Darwin, Glenn Gould et de nombreux scientifiques un peu « ours » se trouvent justement à la limite de ce que l'on appelle le spectre autistique, c'est-à-dire une forme très atténuée d'autisme qui peut être associée à une intelligence exceptionnelle, mais qui souvent n'est pas, ou mal, ou tardivement reconnue, du fait de la maladresse sociale et de la difficulté à se mettre suffisamment en avant dans une société où, malheureusement, pour faire reconnaître ses talents il faut souvent savoir se « vendre ».

Le syndrome d'Asperger

C'est à la psychiatre Lorna Wing, psychiatre britannique, qui était elle-même mère d'un enfant autiste, que l'on doit principalement la redécouverte, dans les années 1980, après plusieurs décennies d'oubli du travail d'Asperger. Elle aura conscience, en décrivant le syndrome d'Asperger et en ouvrant le champ de l'autisme vers des formes beaucoup plus légères et socialement intégrées, d'avoir ouvert une boîte de Pandore[3]. Un peu plus tard, en 1991, la chercheuse allemande Uta Frith[4] contribuera elle aussi à cette redécouverte avec la première traduction en anglais de l'article de Hans Asperger et continuera de contribuer à une meilleure compréhension de ces personnes tout au long de sa carrière, notamment avec son livre *L'Énigme de l'autisme*[5].

Un langage professoral

Le langage est souvent acquis précocement durant l'enfance, il est très riche, et le discours est souvent constitué de longs exposés sur quelques sujets favoris, ce qui peut être perçu comme pédant et professoral. Parfois, un mot ou une phrase sont répétés à maintes reprises. Les plaisanteries verbales subtiles ne sont pas toujours comprises. Le contenu du discours est parfois copié de façon inappropriée, reproduit à partir de celui d'autres personnes ou de livres. Le langage utilisé donne l'impression de correspondre davantage à un récit écrit qu'à une discussion orale. Les significations de mots longs et obscurs peuvent être connues, mais parfois pas celles de mots utilisés dans la vie de tous les jours.

Une communication non verbale trop froide

Dans la sphère de la communication non verbale, il y a peu d'expressions faciales, sauf dans le cas d'émotions fortes comme la colère ou la détresse. Le contact oculaire est souvent fuyant. L'intonation vocale tend à être monotone et pontifiante.

Les gestes sont maladroits ou inappropriés par rapport au discours. La compréhension des expressions et des gestes d'autres personnes est mauvaise, et il arrive que la personne atteinte du syndrome d'Asperger sache mal interpréter ou ignore ces signaux non verbaux. Parfois, elle peut avoir tendance à fixer de façon insistante le visage d'une autre personne pour tenter de capter ce qu'elle n'arrive pas à comprendre.
Les parents peuvent témoigner de leurs interrogations dès la première année de vie de l'enfant du fait de son manque d'intérêt et de plaisir pour les contacts humains.

Des difficultés dans les interactions sociales

Le problème réside dans le manque de capacité à comprendre et à utiliser les règles régissant le comportement social. Ces règles sont non écrites et non identifiées, complexes, et constamment changeantes. Ces difficultés affectent la parole, le geste, la posture, le mouvement, le contact visuel, le choix des vêtements, la distance vis-à-vis des autres et de nombreux autres aspects du comportement comme la politesse (qui peut-être délaissée ou au contraire excessive). Le comportement social des personnes Asperger est naïf et particulier. Elles n'ont pas une connaissance intuitive de la façon d'adapter leur pensée et les réponses pour répondre aux besoins et aux personnalités des autres. Les conséquences de ces difficultés dans le domaine des relations sentimentales et sexuelles sont particulièrement douloureuses.

Des jeux particuliers durant l'enfance

Les enfants atteints de ce syndrome ont souvent envie de manipuler des objets qui tournent et de les regarder jusqu'à ce que le mouvement cesse, bien plus que la normale.
Ils ont tendance à être fortement attachés à des objets particuliers et sont très malheureux en dehors des endroits qui leur sont familiers.
Les jeux qui consistent à faire semblant de jouer des personnages imaginaires sont peu ou pas du tout utilisés, et chez ceux

qui ont l'habitude de jouer à faire semblant, ils se limitent à un ou deux thèmes, réalisés de façon répétitive et n'incluent pas d'autres enfants, à moins que ceux-ci ne soient disposés à suivre exactement le même schéma. Il arrive parfois que les thèmes observés dans ces scénarios imaginaires continuent d'être très actifs dans la vie adulte et constituent le centre principal d'un monde imaginaire envahissant.

Une maladresse motrice

Les mouvements moteurs principaux sont maladroits et mal coordonnés. La posture et la démarche paraissent bizarres. La plupart des personnes atteintes de ce syndrome sont médiocres dans les jeux impliquant des compétences motrices, et parfois les problèmes de motricité affectent la capacité d'écrire ou de dessiner. Les mouvements répétitifs et stéréotypés du corps et des membres sont également mentionnés par Asperger.

Des intérêts particuliers avec une mémoire exceptionnelle des détails

Ceux qui ont le syndrome sous la forme la plus typique ont certaines compétences ainsi que des déficiences. Ils ont une excellente mémoire et s'intéressent intensément à un ou deux sujets, tels que l'astronomie, la géologie, l'histoire du train à vapeur, la généalogie de la royauté, les horaires des bus, les monstres préhistoriques ou les personnages d'une série télévisée à l'exclusion de tout le reste. Ils absorbent tous les faits disponibles concernant leur domaine choisi et en parlent longuement, même si l'auditeur n'est pas intéressé, mais ils ont peu d'intuition de la signification des faits qu'ils apprennent. Ils peuvent également exceller dans les jeux de société nécessitant une mémoire optimale, comme les échecs, et certains ont une capacité musicale hors du commun. Cependant, certains ont des problèmes d'apprentissage spécifiques, affectant les compétences arithmétiques, la lecture ou l'écriture.

Une vie à l'école difficile

Cette combinaison de difficultés sociales et de communication et de certaines compétences spéciales donne une impression d'excentricité marquée. Les enfants peuvent être intensivement harcelés à l'école, devenant par conséquent anxieux et apeurés. Ceux qui sont les plus chanceux peuvent être acceptés comme de petits « professeurs » excentriques et respectés pour leurs capacités hors du commun. Asperger les décrit comme des étudiants insatisfaisants parce qu'ils suivent leurs propres intérêts indépendamment des consignes de l'enseignant et des activités du reste du cours. Beaucoup finissent par prendre conscience qu'ils sont différents des autres personnes, surtout lorsqu'ils abordent l'adolescence et, en conséquence, deviennent trop sensibles à la critique. Ils dégagent une impression de fragilité, de vulnérabilité et d'immaturité, que certains trouvent infiniment touchants et d'autres simplement exaspérants.

Les critères diagnostiques actuels du syndrome d'Asperger, dans la classification internationale des maladies de l'OMS (*CIM-10*), reprennent cette description. Mais dans la future version de la *CIM-11* prévue pour 2018, rendue publique (*Beta Draft*[6]), le syndrome d'Asperger disparaît pour intégrer le spectre plus large des « troubles du spectre de l'autisme » (TSA). Ce changement pourrait paraître surprenant, incompréhensible et décourageant à la lumière des décennies d'attente et d'efforts acharnés pour faire reconnaître le syndrome d'Asperger (SA) comme une entité à part entière. En réalité, la dilution du syndrome d'Asperger à l'intérieur des troubles du spectre autistique ne signifie pas sa disparition mais son intégration dans un continuum, un spectre plus large, de façon à mieux prendre en compte la diversité des formes légères ou partielles ; en effet, de nombreux patients présentant des traits autistiques légers et bien compensés ne se reconnaissent pas non plus dans l'intégralité des critères du syndrome d'Asperger et la séparation entre toutes ces formes apparaissait de plus en plus artificielle. C'est une évolution que l'on retrouve dans la nouvelle classification américaine, le *DSM-5*[7], qui tient compte également de cette vision beaucoup plus large du spectre autistique, puisqu'elle va jusqu'à créer une nouvelle entité, les *troubles de la communication sociale pragmatique*, qui regroupe les personnes se situant aux confins du spectre. Ces dernières sont souvent bien insérées, mais elles souffrent dans leur environnement scolaire, professionnel ou sociofamilial de difficultés liées aux seuls troubles des interactions sociales et de la communication. Cependant n'appartiennent pas à cette description les comportements répétitifs et stéréotypés et des intérêts spécifiques restreints : méconnaissance des conventions sociales et des indices verbaux et non verbaux permettant de gérer les interactions sociales, de difficultés à moduler le style de communication selon le contexte, à suivre les règles de la conversation réciproque et à comprendre les subtilités de ce qui est implicite.

Extension des limites du spectre

Cette extension des limites du spectre a généré de nombreuses et violentes polémiques. Mais, ainsi que l'écrit celui qui est incontestablement le plus grand expert actuel du syndrome d'Asperger, Tony Attwood, « le syndrome d'Asperger se situe sur un continuum sans rupture qui se dissout à son extrême dans la normalité ».

Pour aller plus loin, la question devient celle de la limite, voire de la définition de la « normalité » avec l'apparition d'une nouvelle hypothèse de travail : et si les personnes autistes étaient considérées non pas comme « anormales », mais comme possédant un fonctionnement cérébral neuronal différent, ce qui autrement dit signifierait qu'elles sont porteuses d'une neurodiversité et non d'une maladie psychiatrique ?

Spécificités féminines

Nous l'avons dit, les statistiques actuelles situent le spectre de l'autisme à 1 personne sur 59. En ce qui concerne les différences hommes-femmes sur lesquelles nous reviendrons, le spectre de l'autisme est considéré comme un trouble bien plus fréquent chez les hommes que chez les femmes (proportion de 1 femme pour 4 hommes). Mais des études récentes laissent aujourd'hui penser que la fréquence chez les femmes est très sous-évaluée. En réalité, on observe fréquemment cette tendance « caméléon social » chez les femmes ayant des traits du spectre autistique, qui, plus souvent que leurs alter ego masculins, se donnent beaucoup de mal pour tenter de compenser leurs difficultés *via* un apprentissage intensif, notamment durant l'adolescence, qui passe par l'observation et l'imitation des comportements sociaux de leurs pairs, qu'elles recopient même lorsque ces dernières leur paraissent désespérément superficielles (ce qui est fréquent à cet âge !). Ces autodidactes de la communication sociale passent souvent au travers des mailles du filet du diagnostic car elles ont développé de telles aptitudes que même les spécialistes de l'autisme ne les reconnaissent pas : souriantes, parfaitement apprêtées et maquillées, le regard franc qui n'évite pas celui de leur interlocuteur, elles sont tout à fait capables de donner le change durant un certain temps. Mais cela se fait au prix d'une grande lassitude et avec le sentiment désagréable d'usurper un rôle.

Dans son excellent ouvrage, Peter Vermeulen[8] écrit à ce sujet : « La richesse de leur vocabulaire, leurs excellentes performances dans des domaines bien spécifiques, leur promptitude à engager la conversation, leur fantaisie trompent. Car derrière la façade d'une connaissance quasi encyclopédique et une éloquence charmante se trouve un individu en souffrance pour qui le monde est un spectacle désordonné et incompréhensible. »

De surcroît, le fait de passer inaperçues, y compris aux yeux du corps médical, est une arme qui se retourne contre elles puisque, leur handicap étant de fait quasi invisible, on ne leur reconnaît pas les droits qu'ont les personnes autistes (en particulier en termes d'aménagement de la scolarité ou du poste de travail) et quand, au bord du point de rupture, épuisées par un travail trop sollicitant socialement, par des études inappropriées ou bien par l'incompréhension de leur entourage qui interprète leurs difficultés comme des caprices bizarres, elles consultent, les diagnostics émis sont fréquemment erronés. Il n'est pas rare que nous recevions de jeunes patientes qui, ayant accumulé les diagnostics de personnalité borderline, de trouble obsessionnel, de phobie sociale ou même de schizophrénie, se révèlent simplement être des caméléons sociaux déprimés… L'une d'entre elles, que nous nommerons Marie, musicienne de talent, était diagnostiquée schizophrène depuis des années et traitée par des neuroleptiques dont elle n'avait pas besoin, et il a été difficile de convaincre son psychiatre traitant d'essayer d'interrompre ce traitement car il trouvait son contact « bizarre ». Marie a été très soulagée par la rectification du diagnostic et, après avoir bénéficié d'une aide adaptée, elle mène une vie normale sans neuroleptiques. En 2015, il y eut d'ailleurs une publication importante à ce sujet dans une revue scientifique de premier plan, dont le titre était « Identifier la génération perdue d'adultes ayant des troubles du spectre autistique[9] » qui insistait sur la nécessité pour les médecins de mieux se former à la détection des caméléons sociaux.

D'un autisme à l'autre

Voilà donc soixante-quinze ans que le mot « autisme » est employé (les premières descriptions datent de l'époque de la Seconde Guerre mondiale). Il est maintenant utilisé dans le langage courant et avec lui tout une montagne de représentations diverses et variées pour les non-initiés. Il est régulièrement fort mal employé par des hommes politiques ou des journalistes pour décrire souvent une tendance au renfermement sur soi. Pendant longtemps les descriptions scientifiques ont peu aidé à bien saisir ce fonctionnement particulier et de nombreuses familles ont obtenu des diagnostics difficiles à comprendre. Les classifications des maladies évoluent heureusement et modèlent une vision différente des syndromes qu'elles décrivent. L'autisme n'échappe pas à cette évolution ; ces vingt dernières années, les désignations des troubles de la communication sont passées de « trouble envahissant du développement » à « trouble du spectre autistique » dans la dernière classification américaine. Cette dernière appellation est plus pertinente dans la mesure où, en utilisant le terme

« spectre », elle admet l'extrême diversité des expressions du syndrome.

L'autisme s'exprime de manière très différente d'un individu à l'autre et le diagnostic est parfois très difficile, même pour des cliniciens aguerris. Il y a par exemple cette mère revenue sans rendez-vous au cabinet suppliant de revoir son ado que j'avais déjà évalué et qui me semblait ne rien avoir à faire chez un psychiatre. Il était arrivé avec un regard farouche, s'était lancé sur le siège, posant ses pieds sur mon bureau avec nonchalance, faisant craquer ses articulations, enfonçant sa casquette de rappeur et replaçant ses écouteurs toutes les trois minutes ; il ne daigna m'accorder ni un regard ni une réponse durant tout l'entretien. J'avais pris son attitude opposante, rebelle et provocatrice, les troubles des conduites décrits par la mère (fugues, détention de stupéfiants, vols dans les supermarchés) pour un trouble de la personnalité antisociale (c'est-à-dire une absence totale d'empathie et d'altruisme) qui ne relevait pas de mes soins. Je n'avais pas gardé du tout un bon souvenir de cet entretien, et je ne voyais pas l'intérêt de revoir ce garçon difficile qui n'avait rien à me dire et dont chaque geste semblait vouloir me défier. J'avais bien de la peine pour sa mère, mais je lui ai répondu par la négative. Elle est revenue un autre jour, avec la même demande ; elle m'a regardé droit dans les yeux et m'a dit : « Vous n'avez pas compris, il faut revoir mon fils. » Littéralement bluffé par tant de détermination, je lui ai simplement répondu « OK ». J'ai revu son garçon et elle avait parfaitement raison : c'était un Aspie déguisé en voyou ! Ne sachant comment se comporter avec les adultes, il ne faisait qu'imiter les marginaux de sa classe. Il n'est pas rare que certains adolescents Asperger systématiquement rejetés par les groupes sociaux de leur collège ou de leur lycée soient mieux tolérés ou acceptés par les quelques marginaux de l'école qui les incluent plus facilement parfois au prix d'une initiation à l'utilisation de drogues et de comportements délictueux ; pour se fondre dans le décor, ils les imitent, tant dans leurs attitudes que dans leurs façons de parler et leurs styles vestimentaires, sans toujours bien comprendre le sens des expressions qu'ils utilisent, la mauvaise réputation qu'ils se donnent, ni même les tatouages et piercings qu'ils incrustent dans leur corps pour plaire à leurs nouveaux « amis ».

Un mot qui fait peur

Malheureusement, le mot « autisme » renvoie encore trop souvent, notamment en France, exclusivement aux images terribles de ces enfants qui n'ont pas de langage, se balancent d'avant en arrière et sont incapables du moindre échange social, au grand désespoir de leurs parents. Or ces formes-là d'autisme, sévères, sont les plus rares, tandis que les formes légères, bien plus fréquentes, concernent des personnes parfois très brillantes, qui sont passionnées et extrêmement dévouées à leur travail et parfois, pas toujours, très intégrées professionnellement. Elles sont célibataires ou en couple, ont des enfants ou pas, quelques amis, rares et bien choisis, et vivent en lisière de la société, ni trop près, ni trop loin. Souvent, leur scolarité a été difficile et on a largement sous-évalué leurs compétences intellectuelles réelles : leurs difficultés dans les interactions sociales les faisaient prendre pour des enfants en retard, alors que sous la boîte crânienne se cachait un supercerveau. Autrement dit, il y a autisme et autisme, au même titre qu'il y a toux et toux : une légère bronchite n'est pas la même chose qu'un cancer avancé du poumon. Certes, on tousse dans les deux cas, mais le pronostic est quelque peu différent !

De plus en plus de médecins, psychologues et chercheurs – et nous avec eux – pensent que ces formes « light » du spectre autistique ne sont pas en soi liées à une maladie psychiatrique – sauf quand s'y associent de la dépression, de l'anxiété, etc. –, mais qu'elles relèvent d'une configuration cérébrale particulière : le câblage des neurones du cerveau est différent, ce qui n'est ni mieux ni moins bien, mais simplement différent[10]. C'est ce qui s'appelle la neurodiversité, soit la diversité des fonctionnements cérébraux. Mais cela, il faudra sans doute encore du temps avant que cette idée se propage et soit mieux connue et acceptée de tous.

Dans cet ouvrage, au-delà d'un plaidoyer pour la neurodiversité, nous allons vous faire part de notre expérience et de nos conseils concrets pour vous aider à mieux vous épanouir, si vous vous reconnaissez dans ce profil, à identifier vos forces et vos fragilités, et à mieux vivre en harmonie avec les autres.

Et, pour aider au dépistage des troubles du spectre autistique, nous vous proposons en fin d'ouvrage (p. 270-272) un questionnaire spécifique bien validé scientifiquement qui, s'il ne permet pas de poser un diagnostic formel, fournit déjà une première orientation. La confirmation nécessitera de passer par la case médecin, en l'occurrence un psychiatre bien formé au diagnostic (il est souvent utile de se rapprocher d'associations de patients pour obtenir de bonnes adresses ; la plupart de ces associations sont recensées sur le site http://www.autisme-france.fr), ou en passant par un centre expert dont on peut trouver la liste sur Internet (http://www.autismes.fr/fr/les-cra.html), mais dont les délais d'attente sont malheureusement souvent très longs. Du dépistage précoce à la prise en charge, en passant par la compréhension et la déstigmatisation, il y a encore un long chemin à faire dans notre pays, qui a pris bien du retard par rapport à d'autres !

CHAPITRE 2

Le monde tel que le voient les autistes

Notre cerveau, une machine à créer du réel

Personne ne peut percevoir ou concevoir le réel tel qu'il est. Au-delà des illusions des sens qui ne sont qu'un reflet partiel de l'environnement, ce ne sont ni nos yeux qui voient, ni nos oreilles qui entendent, c'est notre cerveau. D'une part, notre rétine n'est sensible qu'à une frange réduite des différentes longueurs d'onde, ce qui fait que toutes les couleurs ne nous sont pas accessibles, ni l'ultraviolet ni l'infrarouge, et, d'autre part, nos oreilles ne captent pas les ultrasons que d'autres espèces perçoivent et sont limitées elles aussi dans le champ des fréquences perceptibles. Lorsqu'on touche un objet, ce n'est pas notre main qui le sent, c'est là aussi notre cerveau qui, tel un magicien, joue un jeu de passe-passe incroyable : lorsque nous trempons nos phalanges dans de l'eau bouillante, la stimulation active les tout petits nerfs de la pulpe de nos doigts qui transmettent un influx nerveux à toute vitesse vers le cerveau grâce à des réseaux neuronaux d'une fabuleuse complexité. Ces puissantes routes de l'information s'entrecroisent à différents étages (comme un échangeur d'autoroute à plusieurs niveaux) et conduisent cette précieuse information vers des centres capables de la décoder, de l'interpréter et de la transcrire en sensation de douleur, de la relier à des souvenirs et des émotions. En somme, ce n'est pas la chaleur qui nous fait mal aux doigts, c'est notre cerveau qui nous le fait croire ! Puis les messages circulent vers d'autres centres de la motricité qui permettent heureusement de vite retirer sa main. Autrement dit, la réalité n'existe pas pour nous, notre cerveau en recrée une image permanente avec un décalage dans le temps d'une fraction de seconde : nous ne connaîtrons jamais l'instant présent. Le sprinter qui est sur sa ligne de départ mettra plusieurs dixièmes de secondes après la détonation avant de courir et ce précieux temps perdu ne sera pas tant lié à la vitesse de diffusion du son dans l'espace qu'à la capacité de son cerveau de faire son tour de magie de reconstruction du réel. D'ailleurs, nous aurions tendance à penser que le départ se fait plus vite au flash lumineux plutôt qu'au coup de pistolet sachant que la vitesse de la lumière est bien plus rapide que celle du son, mais en réalité c'est l'inverse, le coureur réagira plus vite au son qu'à la lumière, car les réseaux cérébraux qui digèrent l'information visuelle sont plus bien plus complexes et étoffés, et donc plus lents, que ceux des régions auditives. Au-delà de la capture de l'image elle-même par la rétine – une sorte de photographie instantanée –, le cerveau joue un autre tour de magie : il recrée une image virtuelle fluide et parfaite de notre environnement, qui est liée à une modélisation incroyablement plus complexe que celle des ordinateurs de Pixar ! Même une caméra ultraperfectionnée ne serait pas capable de rendre stable de façon aussi parfaite la lecture de l'image si elle était soumise aux mêmes secousses et mouvements légers de nos yeux et de notre tête : notre axe de vision n'est jamais totalement stable, et pourtant nous ne voyons pas de saccades comme dans une vidéo amateur. C'est que notre cerveau recrée en trompe l'œil une image fixe et lisse en gommant toutes les secousses. Là où l'intelligence artificielle est capable de nous battre aux échecs, notre cerveau est capable de déchiffrer bien mieux qu'elle une simple écriture manuscrite. L'ordinateur le plus puissant du monde n'est toujours pas capable de tenir la conversation d'un enfant de 6 ans, de comprendre une situation sociale simple ou de ressentir la moindre émotion.

Différentes formes d'intelligence

La raison en est que notre cerveau traite l'information différemment, grâce à une faculté surprenante : la capacité à ne pas voir ce qui ne l'intéresse pas, ce que les chercheurs appellent la cécité cognitive. Plutôt que de manipuler toute l'information disponible, ce qui nécessiterait une puissance de calcul qu'il n'a pas, notre cerveau gomme les informations qu'il juge comme étant non pertinentes dans un contexte donné et focalise notre attention sur ce qui lui semble important. Dans le cadre d'une discussion, notre cerveau sera attentif essentiellement aux yeux, à la bouche, aux mimiques du visage, et à ce que l'interlocuteur nous dit. Et même cette information présélectionnée sera à nouveau triée pour n'en garder que la substantifique moelle permettant de savoir comment réagir de façon adaptée. Or notre cerveau est avant tout une formidable machine de survie. Au cours des centaines de milliers d'années d'évolution, il a dû apprendre à gérer les innombrables dangers qui se présentaient en permanence, à commencer par ceux d'un environnement hostile ; pour les chasseurs-cueilleurs et guerriers isolés ou en petits groupes, il a fallu apprendre à scanner vite et bien chaque morceau de jungle afin de repérer immédiatement le petit bruit du serpent ou la feuille qui bouge imperceptiblement sous les pas de l'ennemi. Dans la mesure où de ce scanning ultrarapide de l'environnement dépendait notre survie, le cerveau s'est adapté en apprenant à mettre de côté tous les stimuli non pertinents dans ce contexte (à savoir des myriades d'autres stimuli). Mais cette faculté de gommer certaines informations *a priori* périphériques peut conduire à des erreurs considérables : par exemple on estime que de nombreux accidents de la route sont liés à la cécité cognitive, lorsque le conducteur est tellement habitué à son trajet que, absorbé par ses pensées, son cerveau gomme un élément qu'il confond avec un détail sans importance. C'est le cas de voitures qui se retrouvent coincées sur les passages à niveau car les conducteurs ont vu sans voir la barrière se baisser (ou plutôt leur cerveau a gommé ce qu'il jugeait superficiel). Ou encore la cécité cognitive rend compte de nombreuses illusions d'optique et les prestidigitateurs professionnels sont des maîtres dans son utilisation. En art, dans certains tableaux, la cécité cognitive est volontairement utilisée par le peintre pour que nous ne repérions pas tout de suite le sens caché de l'œuvre dans la mesure où le détail crucial nous échappe. C'est le cas dans le tableau *La Diseuse de bonne aventure* du Caravage, où il faut bien observer pour comprendre ce qui se passe.

Cela signifie que notre cerveau doit opérer des choix stratégiques en termes de traitement de l'information car il ne peut pas traiter TOUTE l'information en permanence : il y a en a trop !

Il semblerait que chez les personnes du spectre autistique, le choix opéré se soit fait en fonction de la capacité à traiter l'information sensorielle de façon massive (sans filtre), systématique et logique au détriment des informations de nature affective et relationnelle. Il s'agit simplement d'un autre mode de perception et de pensée.

Un cocktail sensoriel

Comme nous venons de l'évoquer, des millions de millions de détails nous échappent en permanence : la plupart sont sans importance, et notre cerveau choisit de ne pas les présenter à notre conscience. Pourtant, certains d'entre eux peuvent s'avérer cruciaux. C'est ce qui fait que nous avons du mal à débusquer une minuscule erreur dans une masse de données monotones. Or c'est précisément là que le style autistique nous surpasse et de loin ; les codeurs autistes peuvent repérer une petite ligne de code anormale parmi des milliers de lignes, là où notre cécité cognitive l'aurait simplement gommée.

D'une certaine façon, le cerveau autistique échappe à la cécité cognitive : tous les détails sensoriels sont intégrés et présentés simultanément à la conscience et mémorisés de façon extrêmement précise et durable. L'avantage est la puissance d'observation, mais le prix à payer est la fatigue cognitive, notamment lorsque l'environnement est saturé de bruit et de stimuli visuels et sociaux (ce qui est le cas des grandes villes et en particulier de la vie en entreprise, avec torture ultime, l'*open space* fatidique). Cette fatigue peut vite devenir source de stress, d'irritabilité, d'anxiété, voire de dépression. De plus, les autoroutes cérébrales de l'information, qui organisent l'intégration sensorielle visuelle, auditive, gustative, olfactive et cutanée, traitent ces données de manière qu'elles soient perçues de façon bien individualisée : un son n'est qu'un son, une couleur une couleur, une odeur une odeur.

Chez de nombreux autistes, les choses sont nettement plus complexes et il n'est pas rare qu'il y ait fusion des sens (synesthésie) : un son peut avoir une couleur, une couleur un son ou une sensation cutanée se traduire par une odeur plus ou moins agréable. De plus, il y a une hypersensorialité, en particulier auditive, c'est-à-dire que les sons sont perçus de façon bien plus amplifiée et les émotions qui leur sont rattachées sont d'autant plus vives. Lorsque je reçois l'un de mes patients, autiste hyperacousique, je l'accueille bien plus agréablement pour lui que si je lui offrais un bon café, en éteignant la lampe halogène dont le variateur génère un imperceptible grésillement qui lui est vite insupportable. En fin d'entretien, une patiente était capable de me dire combien de voitures étaient passées durant la séance, parfois même de quel modèle précis, tant son ouïe était fine. Des études ont montré que la proportion d'oreilles absolues est nettement plus élevée chez les autistes que chez les neurotypiques, et la synesthésie démultiplie la richesse d'un morceau de musique tandis que des couleurs chatoyantes défilent au gré des arpèges. Glenn Gould était probablement le seul pianiste à pouvoir jouer les *Variations Goldberg* sans partition, alors que cette partition de Bach est l'une des plus complexes à jouer qui soit. Il avait d'ailleurs ses petits rituels bien à lui, il faut absolument voir les vidéos sur YouTube où l'on note, à côté de sa dextérité surnaturelle (Glenn Gould jouant Bach, ça donne presque envie de croire en Dieu, comme me le disait un ami), quelques stéréotypies motrices (mouvements répétés) et cette tendance à émettre de légers sons comme s'il chantonnait la mélodie en sourdine, ce qui faussait les enregistrements en studio et faisait s'arracher les cheveux des ingénieurs du son. Ajoutons à cela sa peur obsessionnelle des microbes (les autistes ont très souvent des traits obsessionnels et des routines un peu rigides), sa solitude, son contact un peu bizarre, et ce que certains lui reprochent comme un jeu musical certes prodigieux mais un peu froid et dénué d'émotions.

Les études scientifiques ont prouvé que les surperformances sensorielles sont présentes chez plus de 90 % des personnes du spectre autistique[1]. Dans ce domaine des capacités sensorielles, l'une des grandes caractéristiques de l'autisme est l'attention incroyable portée aux microdétails que les autres ne remarquent pas. On ne sait pas vraiment pourquoi les autistes fonctionnent comme cela, mais une hypothèse repose sur le fait que le cerveau humain a été sculpté au fil de dizaines de milliers d'années d'évolution, comme le relief d'une grotte avec ses stalactites ; la survie dans un environnement naturel, souvent hostile, était cruelle. Cette pression de l'évolution a contribué à sélectionner certaines compétences, les a affinées, en a oublié ou éliminé d'autres qui n'apportaient pas d'avantage réel. Dans certains environnements, l'hypersensorialité, la perception accrue de certains détails de l'environnement, par exemple repérer les serpents dans la jungle, était un gage de survie. Certains chercheurs pensent que l'autisme est une forme d'évolution du cerveau adaptée à ces environnements sensoriels complexes.

Ainsi, dans le domaine visuel, on a constaté que ces personnes sont plus précises pour détecter les signaux lumineux les plus subtils. Dans les tests d'acuité visuelle, elles obtiennent souvent des scores très largement supérieurs aux personnes du même âge, avec en moyenne une acuité visuelle trois fois plus forte que la normale, proche de celle des oiseaux de proie !

Sur le plan auditif, la proportion d'autistes ayant l'oreille absolue, ou du moins un haut niveau de discrimination et de traitement de l'information auditive, est élevée. Ils perçoivent des fréquences sonores plus élevées ou plus basses que celles que les neurotypiques discernent, avec une hypersensibilité auditive souvent douloureuse en présence d'un bruit de fond même perçu comme très léger par les personnes neurotypiques. L'hypersensibilité auditive est surtout signalée pour des fréquences élevées supérieures à 16 kilohertz ; certains des sons les plus dérangeants pour les enfants autistes sont par exemple les bruits aigus des aspirateurs et des scies électriques.

Sur le plan tactile, ces personnes ont fréquemment une hypersensibilité aux vibrations ou aux différences minimes de température ou de texture. L'hypersensibilité cutanée peut rendre les phénomènes de cicatrisation particulièrement douloureux (Temple Grandin écrivait à ce sujet : « Il semblait que mon système nerveux gémissait, comme si les nerfs se froissaient »). Cette hypersensibilité est fréquemment retrouvée et il n'est pas rare que des parents rapportent les particularités de leur enfant lorsqu'ils les prennent dans leur bras. L'enfant semble vouloir échapper aux câlins et aux bisous, frustrant l'adulte qui a l'impression que son enfant le rejette ou ne l'aime pas, alors qu'il s'agit juste pour lui d'une réelle difficulté à supporter ces gestes. Certaines personnes décrivent également parfaitement leur difficulté à supporter certaines textures, les vêtements sont alors choisis avec beaucoup de soins et certaines matières sont évitées. D'autres vont préférer ne porter que des manches courtes et des shorts alors qu'à l'inverse certains ne supportent pas que leurs membres ne soient pas couverts.

Sur le plan olfactif, on retrouve également souvent une hypersensibilité aux odeurs les plus légères ou indétectables pour les neurotypiques. Cette hypercompétence peut être désagréable à certains moments, mais elle est peut-être exploitée dans certaines professions.

Ces surperformances sensorielles peuvent dans certaines circonstances (les bruits de la ville par exemple) créer un sentiment de stress intense, cependant elles prédisposent également à des talents particuliers (musique, dessin...).

Certains chercheurs ont suggéré qu'une hyperconnexion neuronale locale de la zone des parties sensorielles postérieures du cortex cérébral est responsable du phénomène de « zoom » sensoriel chez les personnes atteintes de trouble du spectre autistique. Nous y reviendrons plus en détail.

Une intelligence de type (S)ystématique

Ainsi, parmi les sujets de fascination, voire d'obsession, des personnes du spectre autistique, on trouve, par exemple, la menuiserie où la conception du produit est vue à la fois à un niveau global (comme un « système ») et en termes d'agencement mécanique de chaque détail du système. Selon le grand spécialiste de l'autisme Simon Baron-Cohen[2], il s'agirait d'un mode de fonctionnement cérébral de type S (S pour « systématique ») par opposition au mode E (pour « empathique »). Chez la personne autiste, le mode S serait très largement supérieur au mode E. Chez l'homme, en général et en moyenne, le mode S prévaudrait sur le mode E et inversement chez la femme. Ce n'est pas une règle absolue mais une tendance observée indépendamment de l'influence sociale puisqu'on la repérerait dès les premiers mois de vie, notamment en observant la préférence pour les visages ou les objets chez les bébés à l'aide de machines sophistiquées qui permettent de scanner leur regard. Il est possible que cette différence de fonctionnement cérébral précoce soit liée à l'imprégnation en testostérone, mais ces résultats restent préliminaires[3]. Cela a même été montré dès le jour de la naissance : les petites filles examinent plus longuement les visages, et tout particulièrement les yeux, tandis que les petits garçons ont plus tendance à regarder les objets inanimés[4].

L'autisme conduit à une attention très fine aux détails visuels. Les hommes obtiennent aux tests où il faut repérer une forme cachée de meilleurs résultats que les femmes, et les gens atteints d'autisme de haut niveau ou du syndrome d'Asperger obtiennent de meilleurs résultats que les hommes ordinaires[5].

Dans le test bien connu de lecture de l'état d'esprit dans les yeux[6] (assez amusant à faire, que l'on trouve sur le site Psychomedia, http://www.psychomedia.qc.ca/tests/lecture-de-l-etat-d-esprit-dans-les-yeux), qui a pour but de distinguer les émotions à partir de l'expression du regard, les femmes obtiennent des résultats meilleurs que ceux des hommes, et les personnes du spectre autistique en obtiennent de plus mauvais encore que les hommes ordinaires. Les femmes apprécient mieux que les hommes ce qui serait socialement indélicat et potentiellement blessant ou choquant tandis que les gens atteints d'autisme ou du syndrome d'Asperger ont des résultats encore moins bons que ceux des hommes ordinaires au test des faux pas sociaux[7].

Les phénomènes imprévisibles ou difficiles à contrôler (comme les êtres humains) provoquent de l'anxiété ou de l'indifférence chez les personnes autistes. En revanche, ils sont très attirés par les phénomènes les plus aisément prédictibles. Quand ils sont confrontés au monde social imprévisible, ils réagissent en essayant d'imposer de la prédictibilité ou du « semblable » (de l'immuabilité), tentant de contrôler autrui par des colères et par une insistance sur la répétition. Ils éprouvent les plus grandes difficultés dans les cours de récréation, en matière d'amitié, de relations intimes et, au travail, dans les moments où la situation est déstructurée, imprévisible ou quand il est nécessaire de faire preuve de sensibilité sociale.

Certains autistes rapportent qu'ils se donnent beaucoup de mal pour se constituer un gigantesque ensemble de règles de comportement s'appliquant à chaque situation, essayant de développer une sorte de « manuel mental » d'interactions sociales avec des règles du type « si… alors », comme s'ils essayaient de systématiser le comportement social alors que l'approche naturelle de la socialisation devrait passer par l'empathie[8].

Et toute notre expérience nous rappelle à quel point les personnes du spectre autistique sont attachées aux règles et intransigeantes face à toute transgression. Mais, dans le domaine des interactions sociales, il y a des compétences qu'il est utile de développer et d'améliorer.

Pour tester l'intelligence autistique, de nature plus visuo-spatiale et systématique que verbale et empathique, les matrices de Raven sont plus appropriées que les tests classiques qui sous-estimeraient systématiquement le quotient intellectuel des autistes. A *priori* simples, les matrices de Raven peuvent rapidement devenir diaboliques !

En voici un exemple pas si simple[9] :

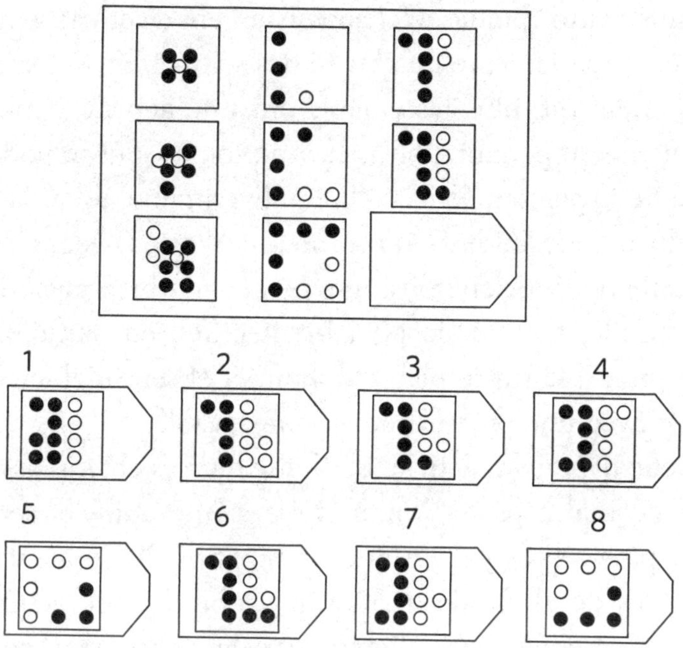

Trouverez-vous la pièce manquante parmi les différentes propositions en moins de trente secondes ?

L'hyperconnectivité cérébrale : un monde plus intense

Une des explications les plus cohérentes pour comprendre les particularités que nous venons de décrire, cette conjonction d'hypersensorialité et de pensée systématique associée à une mauvaise prise en compte du contexte social du spectre autistique s'explique par une hyperconnectivité neuronale[10]. Les études ayant utilisé l'IRM montrent que les enfants ayant un trouble de la communication sociale ont une activité cérébrale spontanée (sans qu'aucune tâche leur ait été demandée) nettement supérieure à celle qu'on observe chez les enfants neurotypiques. Cet accroissement d'activité a pu être corrélé avec le degré de gravité des symptômes des enfants. Autrement dit, plus les enfants ont une activité neuronale spontanée importante, plus les symptômes sont importants.

Cette hyperconnectivité cérébrale entraîne, selon la théorie du monde intense, ou « Intense World Theory[11] », sur laquelle nous reviendrons, une perception bien plus intense du monde, tant sur le plan intellectuel, en particulier la mémoire, que sur le plan émotionnel et sensoriel, en particulier avec une ouïe extrêmement sensible.

Cette hyperconnectivité implique que les enfants auraient plus de mal à passer d'une tâche à une autre et seraient ainsi plus attirés par ce qui est répétitif. Ils seraient ainsi capables de se focaliser sur une tâche donnée acquérant des compétences particulièrement développées dans certains domaines (mais ce n'est pas le cas de toutes les personnes avec un trouble du spectre autistique). Cette hyperfocalisation pourrait expliquer les compétences dans les domaines des mathématiques (tel Daniel Tammet capable d'apprendre les décimales du nombre pi et de les réciter d'affilée pendant cinq heures).

Dans le développement classique du cerveau, entre 2 et 4 ans, le cerveau de l'enfant effectue un tri neuronal et élimine les connexions dont il n'a pas l'utilité au quotidien ; il va éliminer les chemins d'informations qui ne servent pas, comme ceux qui pourraient servir à traiter des données en langue russe chez un enfant uniquement francophone. Ce tri permet de protéger le cerveau d'un trop-plein d'informations et de hiérarchiser celles qui sont nécessaires à une réflexion, un raisonnement, une conduite sociale, etc.

À l'adolescence, un second tri est effectué et conduit progressivement l'individu vers un traitement efficace de l'information.

Selon certaines études, les personnes avec autisme pourraient avoir gardé un trop grand nombre de connexions. Elles sont donc saturées en informations et traitent les détails comme les éléments principaux. Elles présentent donc des troubles de ce que l'on appelle la « cohérence centrale » ; c'est-à-dire qu'elles ne peuvent déterminer ce qui est primordial de ce qui est secondaire, ce qui engendre ainsi des difficultés dans l'élaboration d'un récit par exemple où tous les détails sont exposés au même titre que l'information principale.

Voici l'exemple d'un même récit avec les deux points de vue, celui d'un enfant Asperger puis celui d'un enfant neurotypique :

– Je suis monté dans un avion avec des sièges bleus, on a bu un soda et mangé des biscuits. On a atterri à l'aéroport de Lisbonne.

– Je suis parti en vacances au Portugal en avion.

Cette problématique d'hyperconnectivité retentit également sur le traitement de l'information sensorielle comme nous l'avons déjà vu. Les personnes peuvent alors se sentir saturées d'informations et avoir du mal à supporter les environnements bruyants ou trop lumineux, ce qui entraîne une forte anxiété. L'hypersensorialité (la perception exacerbée des sensations) peut conduire à des gênes importantes et en même temps à un attrait pour certains détails qui semblent sans importance tels des petits reflets dans un morceau de verre ou le scintillement d'un objet sous la lumière du soleil qui peut absorber les personnes Asperger pendant des heures[12].

Mlle K. est suivie de longue date pour des épisodes dépressifs récurrents. Elle se dit souvent épuisée et se plaint d'avoir besoin de dormir énormément malgré le fait d'être traitée depuis longtemps par antidépresseurs. Elle est tombée sur un livre parlant du syndrome d'Asperger chez la femme et s'est reconnue dans cette description. Elle qui s'est toujours considérée comme anormale, ce qui a été entretenu par son entourage, a l'impression de comprendre enfin ce qui lui arrive.

Mademoiselle K.

Elle occupe depuis trois ans un poste de technicienne du son dans une salle de spectacle prestigieuse. Elle était intermittente du spectacle lorsqu'un poste à plein temps en CDI lui a été proposé et ce, malgré son jeune âge, car ses compétences ont rapidement été reconnues par ses pairs.

Elle a une excellente oreille musicale et perçoit des fréquences particulières, aptitude qu'elle conserve en vieillissant (elle m'explique que l'oreille vieillit très vite et qu'elle aurait dû perdre certaines fréquences à partir de 30 ans). Mais elle est dérangée par d'autres sons qui la gênent énormément. Elle se dit intolérante à l'identification d'un son dont elle ne connaît pas l'origine. Ainsi, elle accepte assez bien le son du verre qui se déverse dans le camion de collecte, malgré l'intensité de celui-ci, et se plaint des bruits entendus dans l'appartement au-dessus de chez elle car elle ne sait pas d'où ils viennent exactement ; quel appartement, quel voisin indélicat, quel incident provoque le bruit en question ? Elle supporte mal certains sons à fréquences aiguës telles que celles émises par les moniteurs d'ordinateur allumés ou par un téléphone portable branché sur secteur. Elle ne peut d'ailleurs jamais laisser traîner un chargeur qui n'est pas branché à un appareil car celui-ci émet un bruit électrique très désagréable pour elle... Ces particularités de traitement de l'information sonore lui permettent d'être extrêmement compétente dans son travail. Elle écoute en permanence tous les bruits qui sont émis dans son casque d'écoute, ce qui lui permet de retrouver très rapidement la source des problèmes techniques et de les résoudre très vite. Le prix à payer de compétences aussi exceptionnelles réside dans la fatigue que cela induit pour elle au quotidien face au bruit de fond permanent de la ville. Quatre heures de spectacle équivalent à un marathon. Quotidiennement, elle déploie donc une énergie massive qui s'épuise au fur et à mesure des années. Elle doit alors porter des boules antibruit lorsqu'elle rentre chez elle en métro et doit s'isoler de longues heures pour récupérer.

Ces particularités, même si elles n'expliquent pas à elles seules l'état psychique de Mlle K., permettent de comprendre l'épuisement qu'elle subit et qui contribue sûrement à entretenir son état dépressif ou du moins de fatigue psychique. La compréhension de son hyperconnectivité cérébrale va lui permettre d'apprendre à se ménager. Elle va surtout restaurer son estime d'elle-même car elle comprend enfin que non, elle n'est pas « anormale », comme elle le dit. Ce qu'elle ressent est normal dans le cadre d'un trouble du spectre autistique. Elle est étonnamment soulagée lorsqu'elle apprend ses particularités cognitives.

Ces particularités peuvent être observées sur tous les sens. Certaines personnes rapportent de grandes compétences dans la reconnaissance de odeurs et peuvent en identifier de très diverses dans un enchevêtrement de senteurs diverses. Cette particularité que l'on retrouve habituellement chez les nez professionnels peut être aussi exploitée en œnologie.

La difficulté de hiérarchisation des informations peut également conduire à des difficultés attentionnelles car la personne reste absorbée dans ce qui l'intéresse et ne parvient pas à détourner son attention sur une tâche demandée (comme c'est le cas à l'école où l'enseignant a des exigences particulières sur ce qui doit être fait à un moment donné). Cet hyperdéveloppement des intérêts conduit à s'absorber dans l'étude d'un sujet particulier ou à développer une compétence dans ce domaine spécifiquement.

Le cas de Kim Peek

Kim Peek est la personne qui a inspiré le personnage du film *Rain Man*. Alors qu'il n'a pas réussi à marcher avant l'âge de 4 ans et qu'il présente encore d'importants troubles de la motricité qui l'empêchent de boutonner sa chemise ou de nouer ses lacets, il est capable de lire un livre important en une heure et de retenir plus de 98 % de ce qu'il a lu. Il estime avoir environ 12 000 livres en mémoire. Ces compétences sont apparues très tôt avec une capacité à mémoriser dès l'âge de 16 mois. Il est également un musicien prodige et peut jouer au piano des mélodies entendues plusieurs années auparavant. Il est aussi considéré comme un calculateur de calendrier et peut donner le jour de la semaine qui correspond à une date qu'elle soit passée ou à venir.

Bien que la plupart des personnes du spectre autistique ne possèdent pas de capacités aussi étonnantes, elles ont toutes un style cognitif particulier. En les aidant à exploiter ce style, on les aidera en retour à compenser leur gêne sociale.

Les talents de la neurodiversité

Les personnes du spectre autistique possèdent souvent un ou plusieurs intérêts spécifiques, c'est-à-dire qu'elles ont une passion très développée pour certains sujets qui ne sont pas socialement très adaptés et donc facilement utilisables comme sujet de conversation dans la vie de tous les jours. Mais ils pourraient s'avérer être un atout dans la recherche d'un futur emploi. Un jeune patient de 14 ans voue par exemple une passion à la DDE (Direction départementale de l'équipement) ; difficile d'échanger avec ses camarades de classe sur le sujet... Cependant en grandissant, on pourrait envisager avec lui une carrière d'ingénieur dans ce domaine.

Il y a aussi cette autre patiente, absolument passionnée depuis le plus jeune âge par la série *My Little Poney*, ce qui lui a valu de nombreuses moqueries au lycée : il n'est pas évident de captiver ses camarades de classe de première littéraire avec le récit du dernier dessin animé... Elle s'est donc inscrite sur Internet à des forums de discussion autour du sujet. Elle a alors rencontré, de manière virtuelle, d'autres passionnés et s'est progressivement tournée vers l'écriture d'histoires fantastiques et de scénarios de mangas. Elle pourrait se servir de son talent pour en faire une profession qui lui plaît.

Les services informatiques sont souvent remplis d'individus peu communicants qui se révèlent ultraperformants dans leur domaine. La question de leur management est toujours délicate et l'intégration dans une équipe n'est pas toujours aisée, mais leur façon de penser différente des neurotypiques apporte une réelle plus-value à la création des logiciels par exemple. Nous pensons évidemment au fondateur du système d'exploitation informatique le plus utilisé dans le monde… Bien qu'ayant indubitablement des difficultés de communication sociale, l'intérêt de Bill Gates pour l'informatique l'a conduit à une réussite exceptionnelle[13]. L'acception d'un système de pensée différent serait donc un grand pas vers l'acception de la neurodiversité.

Voir dans l'esprit de l'autre : le cerveau social

Après la longue période où nous étions chasseurs-cueilleurs, l'épopée humaine a pris un tournant majeur alors que nous devenions progressivement de paisibles agriculteurs sédentaires désireux de nous protéger mutuellement de la famine et des ennemis. Alors que nous nous sommes réunis au sein de tribus puis de communautés de plus en plus vastes, notre cerveau s'est doté de nouvelles capacités indispensables à la survie en société. Il a dû apprendre à développer des stratégies sociales de plus en plus complexes, des alliances sur la base de conduites de soumission, de domination ou de négociation. L'art de la diplomatie était né, avec comme corrélat le langage secret du mensonge, de la manipulation et de la séduction, enfin tout ce qui fait de l'homme neurotypique un animal politique.

Là encore, pour développer sa puissance effective dans les situations sociales, notre cerveau a appris à gommer les parasites et à modéliser non seulement ce que nous ressentons et voulons, mais également à deviner ce que l'autre veut et ressent : lorsque nous négocions avec quelqu'un, l'information importante est au-delà de l'interprétation au premier degré de ce qu'il dit. Nous avons appris à traiter tout ce qui est implicite et probablement le plus important : quel est son intérêt véritable ? Le cache-t-il et si oui pourquoi ? Est-il honnête ou menteur ? Quels sont ses objectifs cachés ? Y a-t-il de l'ironie dans son regard ou ses mimiques ? Pour modéliser cette incroyable complexité, nous avons besoin de ressources capables d'interpréter les signaux de communication non verbale (les micromimiques faciales), ce que nous savons de cette personne et de sa réputation sociale, autrement dit nous sommes capables de lire intuitivement et immédiatement ce qui se passe « probablement » dans l'esprit de l'autre, de produire une « théorie de son esprit », concept développé par les primatologues Premack et Woodruff[14]. Au cours d'une étude, ils ont découvert qu'un chimpanzé, nommé Sarah, était capable de sélectionner une photographie pour compléter une séquence vidéo dans laquelle une personne réalisait une tâche. Ils en ont déduit que ce singe comprenait que le comportement humain était guidé par un objectif. Cette théorie a été très largement reprise par la suite notamment par Alan M. Leslie[15], Simon Baron-Cohen[16] et Utah Frith[17]. Cette capacité de théoriser l'esprit d'autrui se développe dès la petite enfance. Dans un test célèbre qui permet de distinguer dès l'âge de 5 ans les enfants avec ou sans autisme, on montre une petite bande dessinée. On voit une petite fille qui joue avec sa poupée ; au départ elle la prend dans le panier fermé où elle avait été bien rangée par sa mère, puis, après s'être amusée avec, la jette négligemment sous son lit, de telle sorte qu'on ne la voit plus. La petite fille sort ensuite de la pièce et la maman revient et cherche la poupée. On demande à l'enfant où la maman va la chercher : les tout jeunes enfants non autistes répondent que la mère va chercher la poupée dans le panier, alors que les autistes répondent sous le lit. Les autistes ont une pensée logique et, d'un point de vue formel, ils ont raison : la poupée est bien sous le lit, c'est là que la maman doit chercher. Sauf qu'ils ne font pas la différence entre ce qu'eux-mêmes savent et ce que les autres croient. Ils ne peuvent pas théoriser immédiatement ce qui se passe dans l'esprit de l'autre, et la seule chose qui compte réellement est la vérité objective, logique et explicite. Autrement dit, tout ce qui est implicite, caché, subjectif, irrationnel ou manipulateur leur est étranger, non pas qu'ils ne le comprennent pas, ils le peuvent à condition de faire un effort soutenu de réflexion, mais ce n'est ni intuitif, ni facile, ni fluide.

Il est admis que l'acquisition de la théorie de l'esprit est universelle[18]. Ainsi, où que vous viviez sur cette planète et quelle que soit votre culture, vous êtes censé avoir acquis la théorie de l'esprit. Les recherches récentes font évoluer ce concept et explorent toute la complexité de son développement. Mais ce n'est pas parce qu'un enfant acquiert la théorie de l'esprit qu'il ne présente pas de trouble de la communication par ailleurs. Le décalage d'acquisition de cette compétence par rapport à un enfant neurotypique peut passer complètement inaperçu, et ce d'autant que les compétences cognitives sont de bon niveau et que le trouble est peu marqué. Dans l'autisme rien n'est simple. Il ne faut pas se contenter de juger les choses en termes d'acquis ou de non-acquis au risque de passer à côté d'une multitude de nuances dans les styles de personnalité.

Les neurones qui permettent de réaliser ce travail de compréhension de l'état d'esprit de l'autre sont les neurones miroirs[19], découverte fondamentale du fonctionnement du cerveau, et dont on a pu montrer les différences chez les personnes autistes[20] .

Le système des neurones miroirs et la contagion émotionnelle

Nos chercheurs captivés par leurs expériences sur les primates se sont rendu compte que les zones du cerveau qui s'activaient lorsque l'animal effectuait un geste étaient les mêmes que celles qui s'activaient lorsque l'animal regardait ce même geste. Les données de l'imagerie cérébrale ont permis de soutenir l'hypothèse d'un système similaire chez l'être humain. Ces zones spécifiques ont alors reçu le nom de neurones miroirs.

Cette théorie a par la suite été reprise. Par extension, les chercheurs ont émis l'hypothèse que les neurones miroirs étaient impliqués dans l'apprentissage par leur rôle dans l'imitation de l'autre. Ces neurones ont donc une importance capitale pour comprendre les actions d'autrui. Ils interviennent dans la perception des émotions exprimées via la motricité du visage de l'interlocuteur et constituent une base pour le développement des aptitudes de réciprocité émotionnelle, c'est-à-dire être capable de percevoir l'émotion ressentie par son interlocuteur.

Par exemple, lorsqu'on montre à des personnes l'image d'un individu en train de se couper, les personnes ressentent instantanément la sensation provoquée, bien entendu à un degré qui n'implique pas la douleur physique.

Certains scientifiques font donc l'hypothèse que les personnes autistes pourraient avoir une déficience du système des neurones miroirs[21] expliquant ainsi leur grande difficulté à imaginer ce que l'autre peut ressentir dans une situation donnée. On parlerait ainsi de difficulté dans la perception et l'attribution émotionnelles à l'autre. Ainsi, les personnes ayant un trouble de la communication ne manquent pas d'empathie mais peinent à percevoir ce qu'elles provoquent chez leur interlocuteur et ce que celui-ci peut ressentir. Elles ne peuvent donc pas réajuster leur propre comportement ou leurs réactions en fonction de ce que l'autre leur renvoie. Cette absence de va-et-vient entre leur propre comportement, ce qu'il provoque, et l'adaptation en fonction de la réaction de l'autre, induit des réactions étranges, « bizarres » ou décalées.

Ainsi, lors d'une conversation, celui qui parle regarde le visage de son interlocuteur et ajuste son discours en fonction des réactions de l'autre, vérifiant ainsi qu'il est bien compris ou qu'il ne met pas l'autre mal à l'aise. Dans le cas contraire, il peut changer son discours, son intonation ou les mots qu'il emploie. C'est le concept de réciprocité émotionnelle, comme nous allons le détailler un peu plus loin.

Je sais que tu sais que je sais que tu sais

Basée sur la théorie de l'esprit, la réciprocité cognitive et émotionnelle est la capacité à imaginer ce que l'autre peut penser (et qui n'est pas forcément la même chose que ce que je peux penser) et à y répondre de façon adaptée tant sur le plan verbal que non verbal. Si cela peut sembler une évidence, le fait de présenter des difficultés de communication sociale va considérablement fragiliser l'exercice de cette pensée.

Cette compétence est impliquée dans l'ensemble de nos relations à l'autre que ce soit en tête à tête, au sein d'un groupe ou même à distance. Lorsque j'écris, par exemple, je dois imaginer que l'autre va me lire et se faire sa propre opinion à partir de ce que j'ai écrit.

Ce qu'il va penser va être influencé par de nombreux éléments, ce qu'il connaît de moi, ce qu'il connaît du sujet sur lequel j'écris et un ensemble d'autres facteurs que je dois pouvoir prendre en compte *a minima* au risque que mon message ne soit pas bien compris, qu'il soit déformé et mal interprété.

En écrivant ce texte, je m'inquiète d'ailleurs que mon message soit bien clair, que mon lecteur comprenne bien l'information que je lui donne. Je m'interroge : « Est-ce que ce que j'écris a un quelconque intérêt ? », « Va-t-il prendre du plaisir à lire ce livre ? ». J'active là mes compétences de réciprocité émotionnelle.

Dans une conversation en face-à-face, ces compétences sont plus faciles à mobiliser car il est possible d'utiliser des indices non verbaux, comme la réaction de mon interlocuteur qui va me permettre de réajuster mon discours à ce que j'imagine qu'il comprend.

Lors d'une conférence, il est d'ailleurs très difficile de ne pas regarder les réactions de la foule. Si les deux premiers rangs présentent des signes évidents d'ennui, mieux vaut changer de discours et éviter que tous s'endorment avant la fin de l'intervention.

Les choses se compliquent au téléphone par exemple. Je dois m'appuyer sur d'autres indices ; l'intonation de la voix, sa force et les éléments de « pragmatique du langage » (que nous verrons plus loin. Lecteur, à ce stade, ne fuis pas, les gros mots seront explicités).

Sur les réseaux sociaux, la difficulté s'accroît. On ne bénéficie plus que d'un texte brut et, au mieux, d'une image. Les inférences et les sous-entendus sont plus difficiles à décoder. Mes capacités de réciprocité sont mises à rude épreuve.

Ainsi, il faut non seulement imaginer ce que l'autre pense au moment où il reçoit le message écrit, mais il faut également imaginer ce qu'il va pouvoir ressentir au moment de cette lecture. Il est très difficile de prévoir l'un sans l'autre. La pensée et le ressenti étant étroitement liés.

Dans un second temps, il faudra répondre par un comportement socialement adapté aux indices émotionnels dans ces différentes situations d'interaction sociale. Les émoticônes ont d'ailleurs été créées pour faciliter la compréhension de ce discours implicite pas toujours évident. Encore faut-il bien les utiliser et bien les comprendre.

Les personnes du spectre autistique peinent, en situation de conversation, à identifier l'émotion de leur interlocuteur. Ils ont des difficultés à ajuster leur discours à ce que l'autre exprime car ce que provoquent leurs paroles chez l'autre leur échappe. Or cette boucle de communication est indispensable pour maintenir une conversation et des liens avec les interlocuteurs. Ainsi, si l'interprétation est erronée, la réaction le sera également.

Prenons l'exemple de cet étudiant en informatique dont le niveau dans sa discipline principale est largement supérieur à celui de ses camarades de classe. Estimant que le cours auquel il participe ne lui est d'aucune utilité, il se met à faire une autre activité que celle demandée par son professeur. Au bout de quelques minutes, l'enseignant s'aperçoit qu'il n'a plus l'attention de son élève et s'agace de son comportement. Il lui pose alors un ultimatum : « Soit vous prenez le cours, soit vous sortez. » Évidemment, il n'est pas question de choix. Le professeur exige de son élève qu'il prenne le cours. La réponse attendue était donc que l'élève prenne le cours. Mais notre étudiant a pris la remarque au pied de la lettre et est sorti imaginant qu'on lui avait donné le choix.

L'erreur d'interprétation est double ici. Dans un premier temps, l'étudiant n'a pas compris que son professeur pouvait être agacé par son comportement, il ne va donc pas réajuster sa réponse émotionnelle à ce qui était attendu, à savoir un sentiment de culpabilité d'avoir froissé son enseignant. Il ne va donc pas présenter ses excuses comme cela était attendu (première erreur d'ajustement comportemental) et, dans un second temps, il ne comprend pas qu'il doit se mettre à faire le travail demandé (seconde erreur). Cette erreur implique également un problème de compréhension de la pragmatique du langage, c'est-à-dire de son utilisation pratique afin de faciliter la communication, compétence sur laquelle nous reviendrons plus loin.

L'incident pourrait s'arrêter là, mais une boucle négative s'active également chez notre professeur qui se retrouve face à un étudiant sortant de son cours. L'interprétation première du professeur sera donc que son étudiant est particulièrement insolent et insoumis à l'autorité. Une fois l'étudiant sorti de la salle de classe, le professeur continue à avoir des ressentis émotionnels à son encontre ce qui peut nuire ultérieurement à la relation sociale des deux protagonistes et ce d'autant qu'ils seront amenés à se revoir tout au long de l'année.

Dans ce cas, il ne s'agit pas d'un défaut d'empathie contrairement à certaines pathologies psychiatriques ou certains troubles de la personnalité. D'abord parce qu'il n'y a pas de volonté de nuire à l'autre. Par définition, le caméléon social ne le fait pas exprès. Il fait juste une erreur. Ensuite parce que, lorsque la réaction de l'autre est expliquée intellectuellement, il va chercher à corriger son comportement et peut se montrer désolé de ce qu'il a provoqué (cette remarque est également valable pour les personnes qui présentent un trouble du spectre autistique de manière plus globale). Pour notre étudiant, la solution sera d'aller présenter ses excuses au professeur, expliquer son attitude et promettre de se mettre au travail au prochain cours, ce qui pourra poser problème si le prochain thème reste inintéressant pour lui.

Nous sommes tous contraints de nous plier à un certain nombre de règles sociales qui ne nous semblent pas toujours nécessaires mais il est impossible de les ignorer. Il serait dommage de rater un examen parce que nous n'avons pas prêté une oreille attentive à un cours qui compte pour la note finale !

Bien entendu les enfants ou les adolescents ont tous un jour ou l'autre manifesté leur mécontentement face à un enseignement. Quel parent n'a jamais entendu : « C'est la faute du prof de… il ne m'aime pas », « Il explique mal », etc. La différence avec une personne qui présente un trouble de la communication sociale réside dans la réaction face à ce type de situation. L'adolescent lambda comprend spontanément qu'il va avoir des ennuis s'il ne se prête pas à ce qui lui est demandé (ce qui ne signifie pas qu'il va le faire mais ça, c'est un autre problème). Le caméléon social ne comprend tout simplement pas.

Nombreux sont les proches du caméléon qui imaginent qu'il est insolent, impoli, insoumis tout en ayant un doute sur cette explication qui leur paraît souvent partielle. Ils sont alors soulagés d'entendre une explication cohérente à ce type de comportement.

Quand les caméléons sociaux tombent le masque

Derrière le masque d'Internet

Internet est la meilleure ouverture sociale qui soit pour les Aspies. C'est d'ailleurs sur le Web que les personnes autistes se livrent le plus facilement car elles n'ont pas à jouer la comédie sociale des neurotypiques. Là, ils peuvent être eux-mêmes, sans interlocuteur qui les coupe à tout bout de champ, sans ce stress social qui les paralyse, sans jugement instantané des autres sur ce qu'ils expriment. C'est la raison pour laquelle l'interface totalement contrôlable de l'ordinateur facilite énormément les choses ; les échanges au sein de la communauté des Aspies en ont été grandement facilités. C'est aussi grâce à Internet (dont la structure de fonctionnement a très vraisemblablement été en partie conçue par des autistes) que les réseaux sociaux, gigantesques facilitateurs des relations sociales dans lesquelles on n'a pas besoin de s'exposer socialement, bien à l'abri derrière cette couverture informatique, sont un moyen de communication extraordinaire pour les Aspies qui peuvent s'y faire bien plus facilement des amis que dans la vraie vie. Il n'est pas neutre non plus que ce soit Mark Zuckerberg, le milliardaire le plus jeune du monde, qui semble présenter un certain nombre de traits du spectre autistique clairement mis en évidence dans le film aux trois oscars *The Social Network*, qui ait eu l'idée d'inventer Facebook ; peut-être était-ce une tentative d'intégration à un niveau individuel qui a eu ensuite l'incroyable succès que l'on sait ?

La première scène du film, dans laquelle ce génie de l'ordinateur tente de flirter avec sa petite amie, illustre parfaitement son incapacité à mener une interaction sociale appropriée dans le cadre d'une relation sentimentale. Elle le quitte après lui avoir expliqué que ce n'est pas tant son côté *geek* qui la rebute que son impossibilité à communiquer. Le réalisateur met très bien en évidence les signes du spectre autistique et le fait que son génie face à l'ordinateur est inversement proportionnel à son incompétence dans les relations sociales. Mark n'arrive pas à garder ses amis, il fait preuve d'une absence de réciprocité sociale et de reconnaissance envers ceux qui l'ont aidé au début.

Une autre scène marquante : durant l'une des réunions les plus importantes avec les investisseurs privés qui vont permettre le développement de Facebook, on a le sentiment que

Zuckerberg fait preuve d'impolitesse en n'observant aucune des conventions sociales ; il semble accorder plus d'attention à une goutte d'eau de pluie qui coule sur la fenêtre de la salle de réunion qu'à la réunion elle-même. Ce que les investisseurs prennent pour une marque de provocation et de domination du jeune *geek* génial sur lequel ils sont prêts à miser des millions n'est que l'expression de son incapacité à s'adapter socialement. Mais le potentiel de la marque Facebook sonne si fort qu'il met au second plan les aspérités de la personnalité de son créateur ; il n'a pas à faire semblant pour qu'on l'accepte. Et il ne viendrait à l'idée de personne qu'il s'agit en fait d'un autiste Asperger.

Internet a donc été pour les autistes l'occasion d'une formidable ouverture sur le monde, en particulier parce que la communication y est asynchrone ; cela veut dire qu'elle ne se fait pas en temps réel, que la réponse à un e-mail ou sur un réseau social est différée et que surtout elle élimine toute la composante d'anxiété sociale et ce que les neurotypiques pourraient percevoir comme des bizarreries de comportements. Au risque d'être provocateur, Facebook a été fait par un autiste pour des autistes ! Et finalement, les neurotypiques s'en sont emparés !

Quand le masque tombe

La plupart des Aspies n'ont pas la célébrité de Zuckerberg, ce que l'on voit avant tout, c'est la singularité de leur personnalité. Et c'est là que les choses se gâtent dans un monde de plus en plus normé et conformiste, en particulier dans les institutions que sont l'école et l'entreprise.

Le témoignage touchant de Mélanie Ouimet (publié sur le site Neurodiversite.com) mérite le détour et permet de mieux comprendre l'intensité de la souffrance qu'expérimentent les caméléons sociaux dès leur plus jeune âge. En voici quelques extraits :

> Les autistes développent une multitude de stratégies d'adaptation et les filles Asperger plus particulièrement sont très douées pour ce type de camouflage social. Celui de mettre à profit leur mémoire phénoménale en utilisant une panoplie de phrases déjà entendues et de les intégrer subtilement dans les conversations. Rapidement, et surtout aux yeux des adultes, ma fille semble communiquer aisément.
>
> Cependant, lorsqu'on regarde plus attentivement et que l'on décortique ses phrases, on s'aperçoit qu'il s'agit de copier-coller. Rien n'est spontané et autonome dans sa communication. Qu'il s'agisse de films, de conversations d'adultes déjà entendues, des phrases d'amies, tout est calqué et s'agence à son discours qui semble sensiblement cohérent et bien ludique vu d'un œil extérieur.
>
> Son monologue semble d'autant plus riche et complexe lorsqu'on mélange le tout à ses intérêts spécifiques. Nous pouvons littéralement avoir une « savante petite professeure » devant nous. Sa mémoire, ses phrases apprises par cœur, ses phrases enregistrées dans son cerveau, ressorties au moment propice pour parler des dinosaures et vous semblez avoir une petite fille habile socialement, sans trop de difficultés.
>
> Malheureusement, ça ne crée pas d'amitié. Ça crée plutôt des regards étranges et exaspérés. On ne parle pas de jeux sociaux réciproques mais bien d'un discours récité par cœur.
>
> Elle est gênée, elle n'a pas envie de parler tout simplement ou, dans le pire des cas, elle est mal élevée, c'est ce que vous

pouvez sous-entendre. L'accès à l'information de son cerveau lui est impossible à ce moment précis tant et si bien qu'il lui est impossible de répondre à cette simple question : comment t'appelles-tu ? Ne pas avoir accès à son cerveau, à des mots simples est très difficile à supporter. Se sentir stupide et impotente est souvent ce que ressentent les autistes Asperger. Ce n'est pas parce qu'un enfant autiste (même un adulte autiste !) parle qu'il comprend les métaphores, les blagues, les doubles sens, le sarcasme.

« Meltdown » et « shutdown »

Ces stratégies de caméléon social sont extrêmement coûteuses en énergie et, si elles permettent la plupart du temps de donner le change, elles ont pour conséquence un prix à payer considérable en termes de fatigue et de stress.

Cet épuisement génère parfois des *shutdown* et des *meltdown*. Le *shutdown* est une sorte d'implosion sensorielle et émotionnelle interne qui conduit à une déconnexion du monde extérieur avec mutisme (équivalant à une sorte de plantage du système en informatique). La cause en est souvent un stress social combiné à une surcharge sensorielle (*sensory overload*). Les autistes, nous l'avons vu, ont une hypersensorialité (amplification majeure et parfois synesthésie, c'est-à-dire fusion des informations auditives, visuelles, du toucher mais aussi du goût et de l'odorat). Dans un environnement trop riche sensoriellement (par exemple une gare, une classe ou une cour d'école, ou une rue trop bruyante), toute sollicitation extérieure, toute contrainte sociale supplémentaire devient insupportable, et si l'entourage pousse à la communication, cela peut mener au *meltdown* (littéralement « fonte »).

Le *meltdown* intervient après une situation de *shutdown* qui n'a pas été suivie d'un temps d'isolement et de ressourcement au calme. C'est un état de débordement émotionnel en situation de stress qui peut se manifester par des crises de colère, des larmes, de la violence parfois.

Le témoignage de Mélanie sur Internet illustre parfaitement cela.

Mélanie

Également, ce dont les gens n'ont pas conscience et ce dont ils ne sont pas témoins, c'est que bien souvent, après un effort social important, ma fille se retrouve en surcharge sensorielle. Elle se déconnecte complètement. Le chaos interne s'installe dans tout son corps. Ses hypersensibilités tactiles sont à leur sommet et les *meltdown* autistiques se succèdent parfois pendant deux ou trois jours après l'événement. La majorité des autistes auront une communication verbale, mais ce n'est pas pour autant que l'autisme n'est plus présent, que les défis sont moindres et, surtout, que leur communication n'est pas atypique. Jamais un autiste ne communiquera naturellement et spontanément comme un non-autiste. C'est un fait que nous avons tendance à oublier ou à ne plus tenir pour compte. Moins visible ne signifie pas moins d'anxiété à l'intérieur. Moins visible peut seulement parfois signifier que la personne autiste utilise tellement de mécanismes d'adaptation qu'elle réussit à se camoufler parmi les non-autistes et qu'elle finit par se camoufler elle-même à force d'efforts pour trahir sa neurologie, sa nature profonde. Être ignoré et incompris simplement parce que l'autisme est plus ou moins invisible est une grande souffrance pour bien des Asperger.

La petite pause du héros

> « Pour vivre seul, il faut être une bête ou bien un dieu, dit Aristote. Il manque le troisième cas : il faut être l'un et l'autre, il faut être philosophe… »
>
> Friedrich NIETZSCHE.

Tony Attwood[22], l'un des grands spécialistes internationaux du syndrome d'Asperger, explique que le fardeau des interactions sociales pour les Aspies est tel qu'il faut absolument permettre de compenser les heures de sociabilisation (à l'école, au travail, dans la famille, etc.) par autant d'heures de calme et de solitude.

Un patient qui occupe un poste important dans une banque décrit parfaitement les efforts qu'il doit déployer dans la journée pour maintenir des comportements sociaux adaptés face à ses collègues. Il explique que les attentes sociales en entreprise sont bien codifiées et qu'il les a comprises, ce qui lui permet de diriger une équipe de personnes. Cependant l'effort qu'il déploie quotidiennement n'est pas sans effet sur sa fatigabilité. Il sait qu'au-delà des codes sociaux de l'entreprise, il doit également utiliser des codes sociaux qui dépassent le seul rapport de hiérarchie avec ses collègues. Il a longtemps fui la salle de la machine à café mais s'est rendu compte que cela lui était plus préjudiciable que bénéfique. Il fait donc un effort pour se prêter une fois par jour à ce rituel et écouter ses collègues raconter leurs vies personnelles. Lorsqu'il rentre chez lui assez tard, sa femme l'attend avec ses enfants. Celle-ci pense légitimement pouvoir échanger avec lui sur sa journée et a tendance à lui poser de multiples questions sur ce qui s'est passé, lui rapportant également sa propre journée. Néanmoins, il est impossible pour ce monsieur de répondre à l'attente de son épouse. Celui-ci doit rapidement s'enfermer dans sa chambre pour se retrouver au calme et ne peut revenir à sa vie de famille qu'après une bonne heure et demie d'isolement. Cette contrainte induit une gêne importante au quotidien puisqu'il ne parvient pas à s'occuper de ses enfants le soir alors qu'il les adore par ailleurs. Mais respecter ce temps de repos quotidien lui permet d'être plus disponible le week-end sans avoir à rattraper l'épuisement accumulé. C'est ce que nous essayons de mettre en œuvre lorsque nous donnons des conseils aux parents ou aux conjoint(e)s de personnes ayant un trouble du spectre autistique : le calme et l'isolement sont les meilleures thérapeutiques des états de stress, et il faut absolument savoir respecter ces temps-là, quelle que soit l'envie ou la nécessité que l'on peut avoir de les solliciter, en particulier après une longue journée de travail !

Rien que pour vos yeux

De nombreuses études ont également mis en évidence une difficulté spécifique pour les personnes présentant un trouble de la communication à regarder les autres dans les yeux et à reconnaître leurs émotions.

Il y a une quinzaine d'années des chercheurs ont montré que les personnes autistes n'activaient pas correctement l'aire cérébrale spécialisée dans la perception des visages et qu'ils traitaient l'information visuelle de la même manière que lorsqu'ils regardent un objet[23]. À la même période, le docteur Monica Zilbovicius[24] met en évidence le fait que les personnes autistes (l'expérience est effectuée avec des personnes ayant accès au langage) traitent les voix humaines de la même manière que les sons neutres. Elle montre que plus les zones cérébrales impliquées dans le traitement de la voix humaine sont inactives, plus les personnes peinent à prendre en compte les informations émises par leur interlocuteur et se montrent en difficulté sur le plan de la communication sociale, ce qui est parfaitement logique. Et la corrélation entre le déficit des aires cérébrales qui traitent la voix humaine et la sévérité des troubles autistiques a été avérée dans une autre étude[25]. Ainsi, plus les voix sont traitées à la manière de sons neutres, plus les difficultés sont importantes.

De très nombreuses études voient le jour pour essayer de comprendre le fonctionnement si particulier du cerveau des personnes du spectre autistique. Plusieurs régions du cerveau sont impliquées, comme par exemple l'amygdale, une petite structure du système limbique qui traite les émotions liées à la peur, mais le nombre d'études est tel qu'il est impossible de faire la synthèse de toutes ces études ici. Il est certain que les spécificités et la multitude d'expressions symptomatologiques amènent encore de très nombreuses questions augurant de recherches de plus en plus pointues et, grâce aux extraordinaires progrès des neurosciences, de découvertes porteuses d'espoir pour l'avenir.

Ne change rien, s'il te plaît !

Dans les premières descriptions de l'autisme, Kanner décrivait la difficulté avec le changement, ou « besoin d'immuabilité » des enfants : le *sameness*. Les personnes autistes ont ainsi besoin d'un environnement stable et éprouvent une aversion particulière pour le changement.

Ces particularités du traitement de l'information que nous venons de décrire induisent une fragilité face à l'anxiété et une adaptation coûteuse à l'environnement. Les autistes ont ainsi développé des stratégies pour supporter ces efforts. De nombreux parents décrivent les difficultés qu'ils rencontrent face aux changements de routine qui provoquent chez leurs enfants autistes des réactions violentes. Ce besoin d'immuabilité est retrouvé, tel un fil rouge, chez toutes les personnes autistes. Une intolérance marquée à ce que leurs affaires soient changées de place, des routines importantes dans la vie quotidienne qui peuvent évoquer des TOC mais qui sont en réalité une façon d'appréhender le monde qui les entoure de façon plus sereine.

Cette particularité peut s'exprimer de plusieurs façons. La première et la plus évidente est la façon d'agencer son environnement proche. Les personnes du spectre autistique décrivent parfaitement ce besoin de placer les objets toujours à la même place et de les organiser selon leur propre code. Les objets doivent se placer à tant de distance les uns des autres, les vêtements sont placés dans un certain ordre dans l'armoire, le cartable est rangé d'une certaine façon tout comme la sacoche de travail. Les clés sont placées à tel endroit et pas à un autre. Si certains manifestent une preuve évidente de leur « maniaquerie » et montre des pièces parfaitement ordonnées comme on l'entend dans le sens commun, d'autres au contraire semblent vivre dans un désordre qui apparaît aux yeux du neurotypique comme un fouillis extraordinaire alors qu'en réalité il est agencé selon une logique très spécifique. Certains vont se montrer très exigeants sur quelques objets et ne prêter absolument aucune importance à d'autres. Combien de parents ou de compagnons se plaignent du désordre de leur proche sans en comprendre réellement le sens.

La seconde façon consiste à maintenir des routines ou des habitudes strictes. Emprunter toujours le même chemin pour se rendre dans un lieu est rassurant. Effectuer les tâches quotidiennes toujours dans le même ordre a également un important effet anxiolytique (antistress) dans le quotidien.

J'ai récemment reçu une jeune femme en consultation qui s'interrogeait sur le fait d'avoir ou non un trouble du spectre autistique. Elle était venue en consultation avec sa compagne car elle ne se sentait pas le courage d'affronter seule l'épreuve de l'entretien. Elle vit depuis six ans avec son amie qui a appris à respecter sa façon d'être et n'exige pas d'efforts plus qu'elle ne peut en fournir dans les activités sociales. Elles sont toutes les deux arrivées à la conclusion de la présence probable d'un trouble du spectre autistique et venaient pour une confirmation de leur analyse extrêmement pertinente. La compagne neurotypique se plaignait de certaines difficultés de compréhension qu'elle rencontrait au quotidien et cherchait des réponses pour mieux comprendre la personne qui partageait sa vie. Elle expliquait ainsi combien à certains moments les routines de sa compagne lui apportaient une forme de soulagement. Elle ne s'inquiétait jamais de l'heure à laquelle elle rentrait car elle savait qu'il n'y avait jamais de changement. Elle savait qu'elle pouvait compter sur elle pour que les courses soient faites (même si les achats étaient peu diversifiés), qu'elle ne se sentait jamais rongée par un sentiment de jalousie car elle savait qu'elle faisait partie elle-même de la routine de sa compagne. Elle avait le sentiment de vivre dans un appartement extrêmement sécurisant, trouvant toujours les objets dont elle avait besoin à la même place et ne s'inquiétait pas de retrouver tel ou tel papier puisqu'ils atterrissaient toujours dans la même boîte, même si elle-même ne les avait pas rangés. Toutes deux avaient trouvé un équilibre malgré leurs différences. La compagne neurotypique apportait une aide considérable sur le plan social quand la femme Asperger apportait une grande stabilité dans le quotidien. Pour la petite histoire, cette dernière craignait que son amie s'en aille une fois le diagnostic posé. Elle avait toujours craint que le mot « autisme » fasse fuir sa compagne, qui éclata de rire à cette idée, profitant de la consultation pour lui déclarer qu'elle était amoureuse d'elle depuis six ans et que le diagnostic ne changeait rien du tout à ce qu'elle était (ce n'est qu'un mot) et à ce qu'elle ressentait pour elle.

Le besoin d'immuabilité se traduit également dans l'alignement des objets. La littérature est pleine de descriptions d'enfants alignant les petites voitures plutôt que « jouant à des jeux symboliques ». Les guillemets sont importants car l'enfant se fait certainement plaisir dans cette activité et joue à sa façon mais il n'utilise pas l'objet tel qu'on s'y attend habituellement. Ces alignements sont retrouvés chez beaucoup de personnes du spectre autistique qui prennent un grand plaisir à ordonner les objets, à dessiner des lignes parallèles, à faire des photos d'objets parfaitement organisés. Faites un tour sur YouTube, il existe de nombreuses vidéos dites « satisfaisantes », c'est-à-dire censées procurer du plaisir rien qu'à leur visionnage, qui proposent des objets alignés. Qui n'est jamais entré dans une pâtisserie où tous les gâteaux identiques sont parfaitement alignés dans la vitrine ? Quel plaisir de regarder même quand on est un neurotypique. Imaginez que ce plaisir soit multiplié par cent chez une personne du spectre autistique. L'ordre et le rangement permettent d'ordonner ses propres pensées. Les bibliothèques sont d'ailleurs des lieux parfaitement rangés qui permettent de réfléchir. Qui n'a jamais vu une photo de la bibliothèque de Trinity College à Dublin a perdu une occasion de se faire plaisir. La parfaite symétrie des lieux et l'alignement des ouvrages et des statues des penseurs de chaque côté d'un long corridor est un réel plaisir pour les yeux.

Les mouvements répétitifs et autres « petites manies » qui peuvent ressembler à des TOC (mais qui sont des « stéréotypies » typiques du spectre autistique) font également partie de ce besoin de régularité et d'immuabilité qui permet de se créer une bulle de bien-être dans un environnement agressif pour les sens. Les stéréotypies sont des petits gestes complexes ou des mots répétés (différents des tics qui surviennent de façon irrépressible et non contrôlable) visant à apaiser l'anxiété. Les plus connus sont les balancements du tronc qui permettent aux autistes de se calmer. J'ai rencontré un médecin hématologue particulièrement compétent dans son domaine (un hyperexpert) qui ne pouvait s'empêcher de se balancer d'avant en arrière pendant les consultations avec ses patients. L'anxiété que lui procurait cette interaction sociale qu'il maîtrisait mal était telle qu'il n'avait pas trouvé d'autre solution pour la supporter. Il a fini par abandonner les consultations pour se consacrer à la recherche pure en hématologie laissant à d'autres le soin de pratiquer la médecine de terrain.

On rencontre chez les personnes du spectre autistique des stéréotypies beaucoup plus discrètes dont la fonction est identique. Dans son livre *La Vie à mille décibels*[26], Rachael Lucas décrit comment son héroïne, Grace, apaise ses tensions en tapant un rythme avec son pouce et son index l'un contre l'autre. La régularité apporte ici encore un apaisement.

Les stéréotypies peuvent être également mentales, certaines personnes expliquent que des phrases tournent en boucle dans leur tête tout comme certaines répliques de film ou un air de musique qu'elles apprécient.

Enfin le besoin d'immuabilité s'observe dans le style de pensée. Les personnes du spectre autistique sont connues pour leur rigidité dans leur façon d'envisager le monde, leur difficulté à appréhender les idées avec une autre façon que la leur. Il peut être très difficile de les faire changer d'avis, ce qui peut les rendre malheureux.

Jeanne

Jeanne vient d'avoir 11 ans, elle est scolarisée en CM2 dans l'école de son quartier depuis toujours. Elle a reçu un diagnostic de trouble du spectre autistique deux ans auparavant. Elle a toujours eu des difficultés à se faire des copines. Elle a une très bonne amie qu'elle supporte mal de devoir partager avec les autres filles de sa classe et ce depuis le CP. À cet âge, elle s'est persuadée qu'une autre petite fille faisait exprès de chercher à casser cette amitié. Cette petite fille est alors devenue pour Jeanne un « être diabolique et pervers », comme elle l'appelle depuis cinq ans. Le problème réside dans le fait qu'elle continue à vouloir se venger d'elle et à expliquer aux autres filles qu'il ne faut surtout pas lui faire confiance. Elle devient harcelante et ce malgré toutes les explications que les enseignants ou ses parents ont pu lui donner. Nous avons passé plusieurs séances à tenter d'envisager cette histoire sous un autre angle. Mais Jeanne ne parvient pas à changer d'idée. Elle continue à attribuer des pensées négatives à cette autre enfant. Elle a bien compris qu'elle ne devait rien tenter contre elle et accepte de se comporter comme on le lui demande de façon à ne pas être effrayante pour les autres enfants, mais elle ne peut changer d'idée.

A contrario, elle est extrêmement fidèle en amitié, excuse toutes les méchancetés de son amie et lui pardonne toute parole blessante. Elle lui rend service et cherche à être absolument une très bonne amie sur laquelle on peut compter de manière indéfectible. Les personnes du spectre autistique sont d'ailleurs bien connues pour être des amis extrêmement fidèles.

Les personnes autistes ont donc un énorme besoin de sécurité avec un besoin de contrôler leur environnement, d'avoir un rythme de vie bien réglé. Malheureusement, la vie est faite d'imprévus, de changements, de surprises, de stress. Certains comportements étranges s'expliquent parfaitement lorsque l'on envisage ces particularités. Il suffit alors de laisser passer la crise, sans panique, sans vouloir forcément rassurer, ce qui pourrait avoir l'effet inverse. En revanche, il faut essayer d'anticiper les changements, parler du voyage que vous allez entreprendre, regarder des photos des lieux que vous voulez visiter, parler de la nouvelle maison dans laquelle vous allez vivre. Faire que le changement devienne aussi une routine et s'inscrive dans le nouveau paysage de la personne

CHAPITRE 3

L'invisibilité, une particularité bien féminine

Nous l'avons précisé, les statistiques officielles indiquent qu'il y aurait seulement 1 fille pour 4 garçons concernés par l'autisme. Néanmoins, comme l'expliquait dans un excellent article de *Slate* la chercheuse Fabienne Cazalis[1], la proportion de femmes autistes est sous-évaluée car les outils diagnostics ne sont pas adaptés. En réalité, nous l'avons souligné à plusieurs reprises, il semble que les femmes du spectre autistique présentent une incroyable capacité à camoufler leurs difficultés les faisant échapper aux classifications et aux outils classiques d'évaluation.

Les femmes autistes, plus que les hommes, semblent capables de développer une capacité incroyable à copier des comportements attendus, à se fondre dans le paysage et à répondre aux injonctions des autres. Les centres d'intérêt des femmes autistes sont nettement plus faciles à partager avec leurs pairs que ceux des hommes. Si ces derniers se passionnent pour des sujets socialement étonnants comme la couleur des sièges du métro, les médailles militaires en Arabie saoudite ou plus souvent la Seconde Guerre mondiale ou les batailles napoléoniennes, les femmes s'intéressent plus à des sujets comme les chevaux, les mangas ou les chats (cette liste n'est bien entendu pas exhaustive). Ces thèmes passent volontiers plus inaperçus que ceux de leurs comparses masculins et il leur est plus facile d'échanger avec d'autres filles/femmes sur de tels thèmes. Néanmoins, la différence avec les neurotypiques réside dans le fait que ces intérêts vont devenir envahissants et qu'elles accumulent des connaissances encyclopédiques sur ces sujets tout en leur permettant de continuer à faire illusion.

Mais, l'adaptation spontanée restant très difficile, elles font régulièrement des faux pas sociaux et il arrive alors qu'elles soient repérées, notamment à l'adolescence, par leurs pairs comme facilement manipulables.

Elles peuvent alors pendant très longtemps donner l'illusion d'être bien intégrées socialement, mais ces « superpouvoirs » ont un coût énergétique particulièrement important pour elles. Il n'est pas rare que ces personnes souffrent de dépression à la fin de leur adolescence ou même d'anorexie. Elles sont souvent diagnostiquées très tardivement au moment où d'autres troubles apparaissent[2].

Elles sont souvent victimes de personnes malveillantes qui usent et abusent de leur vulnérabilité (tels les pervers narcissiques), que ce soit dans leurs relations amicales, professionnelles ou amoureuses.

Mme R.

Récemment, Mme R., qui a obtenu un diagnostic très tardif vers l'âge de 50 ans, a été victime d'une de ces personnalités perverses. Sa grande capacité à compenser intellectuellement ses difficultés, a masqué pendant très longtemps ses difficultés sociales et elle a subi plusieurs fois des épisodes de dépression suite à un épuisement psychique. Néanmoins, elle a développé une incroyable capacité à contrebalancer ses difficultés de réciprocité émotionnelle et applique à l'autre ce qu'elle s'applique à elle-même. Elle est ainsi très soucieuse de ne pas froisser ses interlocuteurs et adopte une attitude de façade toujours très aimable envers l'autre. Elle se retient de dire ce qu'elle pense du travail de ses collègues et n'ose pas toujours exprimer son point de vue même si celui-ci est tout à fait légitime. Il y a un an, elle a compris/appris qu'elle avait un trouble du spectre autistique. Elle a alors commencé un réel travail sur son estime d'elle-même et commence à s'affirmer de plus en plus, laissant s'en aller tout le cortège de troubles anxieux associés. Or, depuis très longtemps, elle travaille avec une autre femme qui lui a toujours fait faire ce qu'elle voulait même lorsque les idées qu'elle proposait paraissaient complètement aberrantes sur le plan professionnel. Cette retenue avait un coût et des conséquences psychiques et professionnelles assez importantes. Lorsque Mme R. a commencé à exprimer son opinion, elle a alors dû faire face à un déluge de reproches tous plus injustifiés les uns que les autres. En fait, depuis des années, elle était le jouet de cette autre femme perverse dont elle n'avait pu soupçonner la moindre intention négative, elle-même en étant complètement dépourvue. Elle avait pensé qu'elle avait une amitié sincère avec cette personne et n'a pu imaginer qu'elle était face à une personne malveillante envers elle. Heureusement, Mme R. est également entourée de personnes bienveillantes et d'amis sincères qui l'ont soutenue dans cette épreuve. Il peut arriver à tout le monde d'être victime d'un pervers narcissique, mais son autre collègue, qu'elle a interrogé par la suite, a une vision bien moins idéale de cette personne et a avoué spontanément qu'elle s'attendait à être victime du même courroux que Mme R. Elle profite de l'opportunité professionnelle qui lui est offerte sans y attacher le même enjeu émotionnel car elle a vite perçu ce dont son interlocutrice était capable. Mais peut-on reprocher à Mme R. de ne pas imaginer le côté sombre des autres et de ne pas porter de jugement moral ?

Les compétences cognitives et leur grande capacité à manipuler le langage formel ne doivent pas faire oublier la grande détresse sociale dont les personnes ayant un trouble du spectre autistique sont victimes.

L'inquiétante vulnérabilité des Aspergirls

> « À certains hommes tu ne dois pas donner la main, mais seulement la patte. Et je veux que ta patte ait aussi des griffes. »
>
> Friedrich NIETZSCHE,
> *Ainsi parlait Zarathoustra.*

La naïveté et la difficulté à interpréter les signaux sexuels sont une source de vulnérabilité majeure des jeunes filles Aspies (les Aspergirls !) qui ont encore plus de difficultés à reconnaître et à éviter les pièges que peuvent tendre certains prédateurs sexuels. On sait que la fréquence des viols est élevée et on estime qu'environ 10 % des femmes ont subi un viol en France. On sait aussi que parmi ces 10 % de viols, seule une petite proportion de femmes portera plainte (le plus souvent, la honte et l'humiliation conduisent à tout faire pour cacher et oublier – comme s'il était possible d'oublier ; parfois c'est la peur ou le sentiment qu'il n'y aura pas suffisamment de preuves, ou encore qu'elles se sont mises elles-mêmes en danger et qu'elles sont donc responsables de ce qui leur est arrivé – un policier avait même dit à l'une de mes petites patientes traumatisées : « C'est une bonne leçon, au moins vous ferez attention maintenant ! »). Et parmi cette minorité de plaintes déposées, seule une fraction infime aboutira à une condamnation effective dans un pays où il existe encore trop peu de policiers et de juges formés à la question, et qui sont pour certains souvent assez vite enclins à penser que, lorsqu'une femme prétend qu'elle a été violée, elle est mythomane (comme si elle risquait d'en tirer une grande fierté, une revanche perverse sur la gent masculine, ou bien un avantage majeur à l'inscrire dans son CV personnel).

Dans ce contexte, une femme autiste aura encore plus de réticences à porter plainte ; du reste, quel policier croira une malheureuse femme un peu « fofolle » (ou au contraire qui n'exprime que peu d'émotion et donc semble peu affectée), qui se sera laissée entraîner dans une situation que toute personne neurotypique de bon sens aurait jugée totalement inadaptée. Pourtant, qu'il est malheureusement simple de piéger une jeune autiste ! Nous en avons observé de trop nombreux exemples tristes à mourir : le conseiller bancaire aux yeux concupiscents et aux mains baladeuses qui propose de venir présenter des contrats d'assurance directement au domicile de la jeune femme, évidemment seule chez elle. Cette jeune Aspergirl, extrêmement brillante, avait pris cette proposition totalement au premier degré et non comme une avance sexuelle ; elle l'avait d'ailleurs reçu en ayant pris soin de préparer un dossier, alignant quelques feuilles blanches, ses stylos et son ordinateur portable sur son bureau vers lequel elle souhaitait s'installer avec lui, tandis que le banquier lui proposait de s'installer sur la banquette, arguant d'un mal de dos. Heureusement, lorsque les choses prirent une tournure dramatique elle le repoussa, ce qu'il prit pour un jeu sexuel, persuadé qu'elle savait ce qu'elle faisait en l'invitant seul chez elle. Il avait commencé à l'agresser sexuellement, mais elle parvint à se dégager, et heureusement dans ce cas, il prit ses affaires et partit sans demander son reste. C'est aussi le cas d'une jeune fille de 15 ans invitée *via* Facebook par un ami d'enfance à venir fêter le nouvel an chez lui dans une grande fête où elle retrouverait tous leurs anciens amis. Elle arriva et constata avec étonnement qu'il était seul, mais il la persuada que les autres arriveraient plus tard dans la soirée, et qu'elle allait l'aider à tout mettre en place. Elle refusa de prendre de l'alcool, il lui servit un Coca dans lequel il avait mis un sédatif ; elle se réveilla plusieurs heures plus tard, à demi-nue dans la rue, sans aucun souvenir de ce qui lui était arrivé. Elle non plus n'en parla à personne.

En tant que thérapeutes, la question d'une meilleure compréhension de la fréquence et du type de ces agressions s'est imposée à nous progressivement. Nous avons mis au point un questionnaire anonyme avec le soutien des associations d'aide aux autistes qui nous ont activement aidés à le diffuser[3]. Les résultats qui ne sont pas encore publiés à l'heure où nous écrivons ces lignes sont particulièrement alarmants.

Risque d'agression sexuelle chez les femmes du spectre autistique

Dans notre enquête, sur près de 230 femmes de tous âges et de toutes catégories socioprofessionnelles, 88 % déclaraient avoir subi au moins une agression sexuelle au cours de leur vie, allant jusqu'au viol dans sa définition juridique pour près de 40 % d'entre elles, avec un âge de première agression inférieur à 14 ans dans près de 1 cas sur 2 et de moins de 10 ans dans 1 cas sur 3. Nos analyses montrent par ailleurs que l'intensité ou le type de traits autistiques observés, indépendamment du niveau d'étude ou du niveau intellectuel, représentent en soi des facteurs de risque. Notamment l'intensité des difficultés dans les interactions sociales prédit de façon significative la précocité de la première agression sexuelle.

Certaines femmes évoquant le fait que leur agresseur ait pu penser qu'elles étaient consentantes, que leur difficulté à verbaliser leurs émotions, leur manque de confiance en soi et leur incapacité à comprendre la situation dans son immédiateté ont pu prêter à confusion. D'autres évoquent que leur attitude signifiait clairement qu'elles n'étaient pas actives, qu'elles pouvaient se sentir obligée et, pourtant, le partenaire ne s'est pas arrêté. L'importante fatigue est également évoquée comme facteur de fragilité à l'agression. Les conséquences de ces expériences sexuelles non désirées ont conduit à des automutilations chez un tiers des femmes abusées, tandis que 1 sur 5 a développé des problèmes d'abus de drogues ou d'alcool et que la moitié déclare avoir un dégoût profond pour le sexe ou des troubles du sommeil persistants. Il faut également savoir que la moitié des personnes, n'en a jamais parlé et que moins de 5 % de ces femmes ont pu porter plainte et recevoir des soins.

Cette étude préliminaire a également permis d'interroger ces femmes sur les facteurs de risque qu'elles pensent présenter et sur la prévention qui aurait permis d'éviter de tels actes. Elles donnent par ordre d'importance les trois facteurs suivants : 1) les prédateurs sexuels les repèrent facilement du fait de leurs difficultés dans les interactions sociales ; 2) la connaissance de stratégies d'affirmation de soi (savoir quand et comment dire non) aurait pu les aider et 3) les membres de la famille auraient dû être plus vigilants.

Un diagnostic précoce ?

Ces situations dramatiques posent la question de la nécessité d'une information précoce auprès des jeunes filles qui présentent un trouble du spectre autistique, ce qui implique une difficulté majeure, à savoir la question préalable du diagnostic. Au-delà de la question délicate de la formation insuffisante des médecins sur les formes légères de troubles du spectre autistique et du terrible parcours du combattant de l'accès aux soins, faut-il mettre un mot qui peut faire peur et qui est très stigmatisé sur des particularités qui se diluent dans la normalité, en particulier chez un enfant ou un adolescent qui n'a rien demandé et qui a, comme tous les autres jeunes de son âge, une aspiration fondamentale à être comme les autres ?

Les exemples précédents nous montrent qu'une connaissance de ce type de fonctionnement cognitif très spécifique pourrait conduite à éviter des situations dramatiques, mais également à mieux se connaître soi-même et donc à éviter de se sentir honteuse ou marginalisée.

Les personnes les plus légitimes pour répondre sont sans doute les personnes elles-mêmes concernées par le fait de n'avoir été diagnostiquées et informées que très tardivement sur l'origine de leurs difficultés. Voici ce qu'en dit l'une de nos chères patientes, Alexandra, qui s'exprime de façon particulièrement éloquente sur ses difficultés.

Ce qu'un diagnostic aurait changé dans mon enfance

Si ma mère l'avait su...

- Elle aurait compris que je n'étais pas une fille « anormale », ou « immature » ou ayant un « trouble mental non diagnostiqué ». Elle aurait trouvé d'autres moyens pour m'expliquer la règle de trois, simple, sans s'énerver, sans me crier dessus, car elle aurait compris à quel point il était difficile pour moi de m'intéresser à d'autres choses que la langue anglaise.
- Elle aurait peut-être fait l'effort de comprendre que j'étais capable de m'intéresser à d'autres sujets, il aurait suffi de m'écouter, de m'encourager.
- Elle se serait moins inquiétée pour mes tics, mes tocs, ou mon obsession pour les insectes et les sons répétitifs... Elle m'aurait emmenée chez le neurologue moins souvent...
- Elle aurait peut-être compris que ma différence ne faisait pas de moi quelqu'un de meilleur ou de moins bien que ma sœur aînée, ma sœur « normale ». Elle aurait probablement évité de me blesser avec les comparaisons odieuses entre elle et moi ou bien avec certains membres de la famille soi-disant « atypiques »...
- Elle aurait essayé de m'écouter ou de m'aider à verbaliser les souffrances que je subissais. La maltraitance en maternelle par

l'une des institutrices (maltraitance physique et psychologique), le mal-être extrême à 8 ans à cause de cette différence au point d'avaler des aspirines « pour en finir », la prise d'alcool « en cachette » à 9 ans...

- Elle aurait compris que mon hypersensibilité aux bruits ne faisait pas de moi quelqu'un d'hystérique, que je n'avais rien contre les autres enfants, mais le bruit et les cris des enfants turbulents m'envahissaient au point de me faire perdre le contrôle.
- Refuser de voyager en bus n'était pas un caprice.
- Ne pas vouloir jouer à la poupée était parfaitement normal, tout comme vouloir jouer au ballon.
- Le jeu de chimie, un cours de piano ? Une excellente opportunité pour développer d'autres centres d'intérêt...
- Je n'étais pas responsable de ma maladresse. J'avais besoin d'un accompagnement pour mieux la gérer.

Si mes instituteurs l'avaient su...

- Ils auraient compris pourquoi je préférais observer les insectes, jouer avec les fourmis plutôt que le faire avec les autres enfants. Ils auraient probablement évité de dire à ma mère que j'étais calme mais « bizarrement asociale ».
- Ils auraient compris qu'à cause de mon TDAH, je n'étais pas « irresponsable », ou « brouillon » ou « pas aussi intelligente que la sœur aînée », que je faisais de mon mieux pour m'adapter, retenir les informations, avoir des bonnes notes, et que j'avais besoin d'acceptation pas d'autant de critiques.
- Ils auraient probablement évité de faire à ma mère certaines remarques telles que : « Votre fille arrivera à finir ses études secondaires, par contre universitaires, c'est moins sûr », ou bien : « Madame X. vous pouvez pas avoir deux enfants comme M. » (ma sœur aînée). Et ma mère aurait évité de me faire part de leurs remarques...

Ce qui aurait changé dans ma vie de jeune adulte…

- J'aurais pris conscience plus tôt de ma difficulté à lire les intentions des gens, de ma naïveté. J'aurais pu me faire aider avec un accompagnement adapté.
- J'aurais appris à aimer ma différence au lieu de la cacher.
- Je n'aurais pas accepté des comportements violents, malveillants de la part de la personne que j'ai épousée, comme « normaux ». Car ces comportements ne sont pas « normaux », tout ne vient pas de moi, et je ne méritais pas d'être traitée comme quelqu'un d'inférieur, de bizarre.
- La différence aurait été ma force.
- J'aurais pu expliquer à mon petit ami pourquoi le fait qu'il invite dix personnes inconnues sans me prévenir m'avait mis dans un état de panique.
- J'aurais pris conscience de l'importance des relations humaines. J'aurais pu bénéficier d'un accompagnement psychologique pendant mon adolescence qui aurait aidé à mieux socialiser.

CHAPITRE 4

L'autisme et les troubles associés

Quand l'arbre cache la forêt

Comme vous l'aurez sûrement compris maintenant, lorsque l'on parle d'autisme, on évoque une forme de fonctionnement cognitif particulier. D'où l'idée de la neurodiversité : tous les cerveaux ne fonctionnent pas de la même façon et cela a plus ou moins d'impact sur la vie quotidienne des personnes.

Un fonctionnement différent ne protège donc pas d'un rhume, de la varicelle ou de la petite gastro-entérite sympathique de l'hiver qui va nous faire passer quarante-huit heures au fond de notre lit. Les personnes du spectre autistique ne sont donc pas à l'abri de subir un trouble psychique, il semble même qu'elles encourent un risque plus élevé que les neurotypiques face à certaines maladies psychiatriques, parmi lesquelles les troubles anxieux, la dépression, les troubles bipolaires et la schizophrénie.

Les troubles anxieux et dépressifs

La dépression constitue l'un des principaux motifs de première consultation des patients autistiques qui n'avaient jusque-là pas été diagnostiqués comme tels.

Nous l'avons dit, les personnes autistes qui s'ignorent développent des stratégies d'adaptation à leur environnement plus ou moins efficaces qui sont extrêmement coûteuses en énergie psychique.

Qu'est-ce que cela signifie ? Avoir un trouble autistique, c'est avoir un cerveau qui ne fonctionne pas comme celui des autres (les neurotypiques). Ce cerveau doit s'adapter en permanence à des exigences environnementales (l'école, les autres, la foule dans le bus, les règles de la société etc.). Les neurotypiques, eux, sont souvent bien armés pour affronter toutes ces contraintes (mais pas tous), ils vont donc s'adapter aux exigences de leur environnement sans plus d'effort que nécessaire. La personne autiste, elle, traite les informations différemment. Son cerveau doit donc s'adapter avec plus d'efforts aux contraintes environnementales. Il est certain qu'une personne vivant dans un milieu qui lui serait plus adapté serait moins sujette à ces difficultés d'adaptation. Autrement dit, si vous êtes autiste et que vous vivez comme un ermite au fin fond d'une forêt, votre adaptation à l'environnement social vous coûtera moins d'énergie que si vous vivez dans un appartement donnant sur une avenue bruyante sans double vitrage que vous partagez avec douze colocataires !

Dans l'excellent film *Captain Fantastic* de Matt Ross, un père décide de vivre isolé de la société au fin fond d'une forêt reculée au nord-ouest des États-Unis et d'y élever ses enfants.

Ceux-ci développent alors des aptitudes particulières pour vivre dans leur environnement. Lorsqu'ils se voient contraints d'abandonner ce style de vie pour revenir en ville, leurs facultés d'adaptation sont dépassées et ils peinent à trouver leur place, développant divers troubles allant de l'anxiété à l'agressivité. S'adapter à la société qu'ils ne connaissent pas a donc un coût énergétique important.

Imaginons une autre situation. Du jour au lendemain, vous voilà téléporté au milieu du désert du Kalahari parmi le peuple Sans (longtemps désigné sous le terme de Bochimans). Vous ne parlez pas leur langue, ne connaissez pas leurs coutumes, ni les techniques pour vivre dans leur environnement dans lequel ils semblent, quant à eux, parfaitement à l'aise. Il est fort probable que vous soyez très anxieux au début, effrayé par ce nouvel environnement et que vous tendiez à vous recroqueviller sur vous-même, voire que vous commenciez à développer des symptômes de dépression. L'énergie psychique que vous allez dépenser pour vous adapter devra être intense alors que vos hôtes paraissent vivre comme des poissons dans l'eau.

Les personnes autistes se retrouvent confrontées à des problèmes similaires d'adaptation. Leur cerveau traite mal les informations sociales facilement intégrées par les neurotypiques. Ils font donc face en permanence à des défis majeurs d'adaptation sociale. Leur dépense d'énergie psychique est donc massive et quotidienne. Or la quantité d'énergie psychique disponible par un individu au cours d'une journée n'est pas illimitée. Même surentraîné, un sportif de haut niveau ne peut s'entraîner et dépenser de l'énergie physique indéfiniment. Il risque la blessure (c'est d'ailleurs souvent le cas des footballeurs professionnels dont les contraintes physiques sont énormes). Les personnes autistes, quant à elles, risquent l'épuisement, et celui-ci conduit inévitablement à des états dépressifs.

Cet état d'épuisement psychique peut être aussi provoqué par un trop grand afflux d'informations autres que sociales. On l'a vu, l'hyperconnexion du cerveau amène un traitement de l'information souvent plus important que ce qui est attendu classiquement. Ce cerveau hyperconnecté de superhéros a un coût. Le trop-plein d'informations, la répétition d'épisodes de *meltdown* et de *shutdown* peuvent également épuiser la personne. Chaque personne a une quantité d'énergie disponible qui lui est propre. Savoir repérer ses limites, c'est apprendre à se préserver. Les neurotypiques doivent également apprendre à préserver ces limites pour soutenir leur proche ayant un trouble du spectre autistique.

La dépression n'apparaît pas uniquement dans ce contexte d'épuisement psychique, d'autres facteurs sont bien entendu impliqués, notamment d'origine génétique.

Nous avons souvent rencontré dans les consultations des personnes qui présentaient une très importante sensibilité au spectre lumineux du soleil. Le lien de cause à effet entre la quantité de soleil disponible dans une journée et la dépression a été mis en évidence depuis longtemps, en particulier dans les pays scandinaves et en Islande. Il semble que certaines personnes autistes présentent également une sensibilité plus marquée aux variations lumineuses au cours d'une année. Cette donnée est empirique, nous n'avons pas trouvé d'étude attestant la fréquence plus élevée des troubles affectifs saisonniers chez les autistes (même s'il existe des données sur l'implication de l'axe de la mélatonine, l'hormone du cycle circadien dans l'autisme[1] et que l'on utilise fréquemment avec succès la mélatonine pour réguler le sommeil des personnes du spectre autistique qui ont souvent une inversion de phase, c'est-à-dire une tendance à s'endormir trop tardivement), mais il nous arrive très régulièrement de devoir demander des hospitalisations pour dépression pour des patients du spectre autistique au mois de novembre. Y aurait-il un futur doctorant intéressé chez nos lecteurs ?

Les troubles anxieux sont également très fréquents dans les troubles du spectre autistique, et il est parfois nécessaire d'adapter les interventions psychothérapiques et médicamenteuses aux particularités du mode de fonctionnement autistique. Il n'est pas rare de rencontrer des phobies très spécifiques. L'un de nos patients avait une peur panique de l'aurore ou du crépuscule (encore un lien avec le spectre lumineux). Il s'arrangeait pour regarder le ciel chaque jour à ces moments précis comme pour surveiller qu'il ne se passait rien. Il rythmait donc sa vie en fonction de l'éphéméride, ce qui lui causa quelques soucis dans son travail en période hivernale car il arrivait souvent en retard et partait plus tôt pour surveiller son ciel.

Un autre patient avait développé une peur irrationnelle des pigeons alors qu'il habitait Paris. Il ne pouvait quasiment plus sortir de chez lui et refusait d'aller en cours de récréation. En fait, il ne supportait pas la sensation des ailes des oiseaux le frôlant. Cette situation est assez fréquente dans les grandes villes. Son intolérance sensorielle l'avait conduit à cet état de stress intense qu'il a fallu lever pour lui permettre d'être plus serein. Il a pratiqué une thérapie comportementale basée sur l'habituation progressive (il avait alors 7 ans), ce qui lui a permis progressivement de tolérer la sensation, même s'il ne l'aime toujours pas. Il évite de frôler les oiseaux mais n'en a plus une peur panique. Depuis, j'ai deux magnifiques colombes qui ont fait des petits, dans mon jardin. La maman les a amenées une fois que son fils pouvait sortir sans hurler, estimant que la présence des colombes dans un petit appartement parisien n'était pas très commode. Habitant dans une lointaine banlieue parisienne, j'ai accepté d'assumer mes choix thérapeutiques ! Juliette et Roméo (je n'ai pas changé leurs noms) vivent heureux en liberté chez moi depuis huit ans…

Bien entendu, les troubles anxieux les plus fréquents sont ceux qui ont trait à la socialisation. De nombreux patients arrivent en consultation pour phobie scolaire ou phobie sociale. Les écueils qu'ils subissent régulièrement face à leurs tentatives de contacts sociaux finissent par leur donner un sentiment d'impuissance et d'incapacité qui les conduit à éviter ce type de situation.

Les troubles alimentaires

Il n'est pas rare non plus que les enfants autistes développent une hypersélectivité alimentaire du fait d'une intolérance sensorielle à certaines textures ou à certains goûts. Ils peuvent également développer d'importantes routines face à la nourriture (ils ne mangent que certaines couleurs par exemple ou certaines textures) et ce comportement peut induire une plus faible masse corporelle que dans la population générale. Selon certaines études, 20 % des adolescentes présentant une anorexie mentale souffriraient d'un trouble du spectre autistique[2]. Encore une fois, la question du traitement de l'information sensorielle a un impact sur le comportement des autistes. Depuis quelque temps, je suis un garçon de 12 ans qui m'a été adressé par un centre spécialisé dans les troubles alimentaires car il résistait à l'approche thérapeutique classique proposée. Ce préadolescent était arrivé dans le service dans un tel état de dénutrition qu'une sonde gastrique lui avait été posée. D'ordinaire, ces sondes ne sont pas destinées à être maintenues sur le long terme. Mais, devant le manque de progrès observé face à l'alimentation, elle a été maintenue plus d'une année. Lorsque je le rencontre, il a déjà son appareillage depuis huit mois, l'équipe qui l'a reçu a diagnostiqué un trouble du spectre autistique et propose qu'il soit suivi par un thérapeute formé à cette particularité. Nous allons découvrir ensemble qu'en réalité il a un traitement très particulier de la sensation de faim qu'il ne ressent quasiment pas, qu'il ne supporte pas certaines textures et que manger ne lui apporte pas de sentiment de satiété agréable. Ce n'est pas qu'il refuse de manger, c'est qu'il n'en voit pas l'intérêt. Il faudra donc passer par une explication très scientifique des besoins énergétiques de son corps et par une habituation très progressive aux quantités de nourriture dont il a besoin avant qu'il puisse retirer la sonde (qui de surcroît n'améliore pas l'appréhension des sensations de faim, bien au contraire).

La schizophrénie

La schizophrénie est un trouble qui débute entre 15 et 25 ans par l'émergence de symptômes psychotiques (hallucinations, délire, troubles du comportement) accompagnés d'une perte de motivation et de concentration et d'un retrait social. La question des liens entre autisme et schizophrénie est très compliquée, d'une part, car il existe des symptômes schizophréniques qui ressemblent fortement à certains traits autistiques (retrait social, bizarreries, difficultés à comprendre l'état mental d'autrui...), et, d'autre part, il a été montré que près de 20 à 30 % des personnes schizophrènes présentaient préalablement au début de leur maladie des traits autistiques et que, à l'inverse, environ 10 à 20 % des personnes autistes développeront des symptômes psychotiques. Par ailleurs, la schizophrénie est un trouble neurodéveloppemental comme l'autisme et, bien que les symptômes psychotiques francs apparaissent à l'adolescence, les études récentes montrent que des microsignes préexistaient relativement souvent dès l'enfance, bien avant l'explosion des premiers symptômes. Au-delà des similarités autant que des différences qui les opposent, autisme et schizophrénie sont-ils pour autant deux entités partageant des causes et des mécanismes communs ? Aujourd'hui, nul ne peut l'affirmer de façon certaine et les chercheurs qui planchent intensivement sur le sujet en sont encore au stade des hypothèses[3]. Il n'est pas rare de rencontrer des patients qui consultent pour une suspicion de trouble autistique sachant qu'ils ont clairement un tableau de schizophrénie et qu'ils présentent effectivement des particularités cliniques communes aux autistes. Cependant la qualité du contact relationnel n'est pas la même qu'avec les personnes autistes : les personnes qui souffrent de schizophrénie dégagent une étrangeté particulière, une désorganisation de la pensée et une angoisse indicible qui sont différentes de l'inadaptation comportementale que l'on rencontre chez les personnes autistes dont la pensée est au contraire hyperorganisée et hyperlogique, de même qu'elles sont très, voire trop soucieuses de respecter les règles, et les appliquent avec une importante rigidité.

Au-delà de ces questions pointues, gardons à l'esprit le fait que le fait de présenter un trouble du spectre autistique est un facteur de vulnérabilité pour la psychose et que le moins que l'on puisse conseiller aux adolescents du spectre autistique est d'éviter absolument la consommation de cannabis, car il a été clairement montré qu'elle multiplie par un facteur compris entre 3 et 6 le risque de schizophrénie chez les consommateurs réguliers avant l'âge de 18 ans.

Le TDAH

Le trouble déficit de l'attention et/ou hyperactivité se caractérise par trois symptômes essentiels : un trouble de l'attention (comme son nom l'indique), une tendance à l'agitation motrice ou psychique (hyperactivité) et l'impulsivité. Pour obtenir un diagnostic de TDAH, la présence des trois symptômes n'est pas nécessaire. Le déficit attentionnel peut exister tout seul. Quel est donc le lien avec le trouble du spectre autistique ?

Le TDAH est aussi considéré comme un trouble neurodéveloppemental et le terme de neurodiversité est également utilisé pour désigner ce fonctionnement cognitif particulier qui peut engendrer des difficultés d'apprentissage, un sentiment de sous-utilisation de son potentiel intellectuel, une fragilisation de l'estime de soi, une impression d'inefficacité dans les tâches fastidieuses, etc. Il s'agit d'un trouble très complexe dont l'un des éléments centraux reconnu comme défaillant est celui de la difficulté de mobilisation des fonctions exécutives. Les fonctions exécutives sont considérées comme le chef d'orchestre du cerveau, elles permettent de coordonner, d'anticiper et de planifier nos actions, nos pensées, nos comportements. Imaginez que votre chef d'orchestre décide de faire autre chose que ce qui lui est demandé. Vos activités quotidiennes seront perturbées par cette difficulté à anticiper et à planifier ce qui doit être fait. Lorsque vous devez résoudre un problème de mathématiques, il faut d'abord penser à une stratégie pour y parvenir. Mais si votre chef d'orchestre décide d'aller faire un petit tour au beau milieu de votre réflexion, vous ne savez plus où vous en êtes. Deux choix s'offrent à votre cerveau : vous vous trompez dans le calcul ou vous recommencez, ce qui vous fait perdre du temps.

Le chef d'orchestre n'est pas seulement impliqué dans la résolution de problèmes mathématiques, il l'est en permanence dans votre vie quotidienne. Vous décidez d'aller faire des courses, vous préparez une liste que vous posez sur la table de la cuisine. Vous prenez vos clés de voiture, pensez pour une fois à prendre des sacs de courses et même des sacs pour emballer vos légumes (parce que cela fait moins d'emballages à jeter), prenez la route, direction le supermarché, garez votre voiture, prenez un Caddie (à ce stade vous avez planifié une importante tâche comportementale), et… vous vous rendez compte que vous avez laissé la liste de courses sur la table de la cuisine. Le chef d'orchestre a loupé une étape. Bien entendu, cela peut arriver à tout le monde. Ce qui fait le TDAH, c'est la fréquence à laquelle cela arrive, car entre-temps, vous avez aussi oublié où se trouve votre voiture sur le parking du supermarché.

Vous l'aurez compris, cette fonction exécutive intervient dans toutes les activités de la vie quotidienne et dans la gestion des relations sociales. Les personnes TDAH sont reconnues pour vivre régulièrement des difficultés dans leurs relations interpersonnelles. Elles peuvent se sentir exclues, rejetées, incomprises. Lors d'une conversation, si elles ne traitent qu'une partie des informations, elles peuvent répondre à une autre question que celle posée, avoir des difficultés à suivre ce qui est dit par les autres et donc réagir de façon décalée et donner l'impression à leurs interlocuteurs de ne pas les écouter. En réalité, leur chef d'orchestre fait avec les informations sociales et le langage ce qu'il fait avec toute autre activité, il s'évade quand bon lui semble. Vous ajoutez à cela une tendance à l'impulsivité (j'interromps les autres parce que j'ai quelque chose à dire et si je ne le dis pas tout de suite je vais l'oublier), et de l'agitation (je me tortille en permanence, touche mes cheveux, regarde dans toutes les directions) et vous obtenez un parfait cocktail pour agacer votre interlocuteur. Mais à la différence des personnes du spectre autistique, les personnes TDAH savent parfaitement utiliser les règles de la communication sociale. Pendant longtemps, certains spécialistes du TDAH ont d'ailleurs considéré que celui-ci provoquait un trouble de la communication sociale et la confusion était assez répandue rendant floue la frontière entre trouble du spectre autistique et TDAH. En réalité, les données actuelles précisent bien la différence entre les deux. Les personnes TDAH possèdent les compétences pour traiter les informations sociales, elles ne présentent pas de difficultés à réagir de façon adaptée à ce qui est classiquement attendu au niveau comportemental lorsqu'elles sont concentrées. Elles n'ont pas de déficit de réciprocité émotionnelle et les difficultés rencontrées sont directement imputables à leur inattention, à leur impulsivité, à leur agitation.

Mais les choses ne sont pas aussi simples. On peut avoir un TDAH *et* un trouble du spectre autistique. Cette coexistence des deux syndromes est d'ailleurs très fréquente, sachant qu'entre 30 et 60 % selon les études des personnes du spectre autistique souffrent également d'un TDAH. Certains patients reçoivent d'ailleurs comme premier diagnostic celui de TDAH et, lorsqu'ils grandissent, le trouble de la communication sociale s'exprime plus franchement, ils reçoivent alors dans un second temps le diagnostic de trouble du spectre autistique.

Les troubles « DYS »

Un trouble du spectre autistique expose également au risque plus élevé de présenter l'un des fameux troubles « DYS » : dyslexie, dysorthographie, dyscalculie, syndrome dysexécutif et dyspraxie – ce trouble de la motricité qui entraîne des difficultés à effectuer des mouvements coordonnés a une place particulière dans le syndrome d'Asperger du fait de sa fréquence. Les gestes complexes qui devraient s'automatiser ne le sont jamais, et la personne doit en permanence faire un effort spécifique conscient pour les effectuer. Ces difficultés vont induire une forme de maladresse quotidienne, une lenteur dans les mouvements, des difficultés d'utilisation de la motricité fine (écrire, tenir une paire de ciseaux, se boutonner, se laver, manger avec des couverts, etc.), ainsi que des difficultés à s'organiser. La dyspraxie peut s'accompagner de ce qu'on appelle une dyspraxie visuo-spatiale qui provoque des difficultés en géométrie, en lecture, en repérage géographique, etc.

Dans le syndrome d'Asperger, en effet, le trouble de la motricité fait spécifiquement partie des critères diagnostiques. La confusion entre dyspraxie et syndrome d'Asperger est de ce fait fréquente et de nombreux patients obtiennent ce premier diagnostic de trouble de la motricité avant que les difficultés sociales soient repérées. Bien entendu, toutes les personnes du spectre autistique ne présentent pas de trouble de la motricité, mais il arrive que le premier diagnostic masque le second, comme l'arbre cache la forêt.

La question de savoir si la dyspraxie fait partie intégrante du trouble du spectre autistique ou si la dyspraxie coexiste avec le trouble du spectre autistique n'a que peu d'intérêt en pratique. Il est surtout important de retenir que l'un peut masquer l'autre, et qu'il est important surtout de mettre en place des aides adaptées lorsqu'on souffre d'un trouble de la motricité et de respecter les spécificités de chacun. Un patient à qui l'on demandait s'il faisait du sport avait répondu : « Ah non ! je suis une patate de canapé et j'en suis fier ! » Il exprimait ainsi ses difficultés à effectuer une tâche coordonnée au niveau de sa motricité globale et n'avait nullement envie que l'on se focalise sur ce point qui n'était que le cadet de ses soucis. Son médecin lui avait d'ailleurs fait un certificat pour qu'il puisse avoir un aménagement de l'épreuve de sport au baccalauréat, ce en quoi il avait eu bien raison.

CHAPITRE 5

Surdoué ou autiste de haut niveau ?

Sarah a 27 ans, c'est une belle jeune femme très sympathique et très timide. Elle a fait Sciences Po, mais elle a eu ensuite beaucoup de difficultés à garder un emploi au-delà de quelques mois. Sa passion, c'est le Grand Nord. De temps en temps, quand elle a un peu d'argent, elle part en Finlande ou dans le nord du Canada. Elle adore marcher dans la neige, et entre la neige de sable, la neige roulée, la neige fondante, la neige instable, Sarah est capable d'en identifier trente formes différentes rien que par le toucher (je ne savais pas du tout qu'il y avait au moins trente-cinq formes différentes de cette agréable poudre blanche !...).

Elle vit seule, a toujours eu du mal dans les relations avec les hommes : « Trop compliqué, je préfère éviter ! » Depuis quelques mois, elle est secrétaire médicale, mais elle a le sentiment qu'elle n'est pas à sa place. Elle explique ses difficultés professionnelles par ses problèmes pour organiser son travail et par des problèmes relationnels : elle trouve que les gens sont souvent méchants et agressifs avec elle, et elle ne comprend pas pourquoi.

Elle a déjà consulté plusieurs fois pour essayer de comprendre ce qui cloche, mais personne n'a réussi à comprendre. Et puis elle a rencontré une psychologue dans un centre qui lui a fait un bilan et lui a expliqué que tous ses problèmes venaient du fait qu'elle était surdouée. Son QI est supérieur à 130, elle fait partie des élus superintelligents. La psychologue lui a conseillé de faire de la méditation et du sport, et des activités artistiques. Elle a fait tout ça, mais ses problèmes sont les mêmes. C'est pour cette raison qu'elle vient me demander ce que j'en pense pour avoir un autre avis.

L'intelligence est multiple

Comme Sarah, de nombreux jeunes ayant des traits autistiques non diagnostiqués sont venus dans nos consultations au cours des dernières années, avec une étiquette de « surdoué ». En général, ils se décrivent comme hypersensibles, émotifs, anxieux et introvertis, avec le sentiment de ne pas arriver à trouver leur place dans un monde qui leur semble en complet décalage avec leur univers mental. On leur a expliqué qu'ils étaient trop intelligents pour pouvoir vivre comme tout le monde et que les autres ne les comprenaient pas, tout simplement.

Le problème, c'est que le fait d'être surdoué n'est pas en soi un diagnostic, ni une cause de problèmes psychologiques. La preuve, c'est que de très nombreux surdoués avérés, avec un super QI, vont parfaitement bien : ils sont sociables, équilibrés, parfaitement bien dans leur peau. La douance est devenue une façon bien commode de nier les vraies difficultés : les gens se disent : « Finalement, mon anxiété, mes difficultés relationnelles, etc., il n'y a rien à faire puisque je suis surdoué. » Le vrai problème, c'est qu'ils peuvent de ce fait être amenés à renoncer à une aide ou à une thérapie. Car on ne leur propose rien de concret finalement en leur disant qu'ils sont surdoués : il n'y a pas de thérapie pour ça ! Et puis pourquoi considérer que c'est nécessairement un problème que d'être doué, après tout, c'est plutôt un avantage, non ?

En raison de cette confusion fréquente et du côté très glamour et à la mode du diagnostic « surdoué » (et d'ailleurs rectifions ce qui nous semble être une évidence mais ne l'est manifestement pas pour tout le monde : ce n'est pas un diagnostic ! Dans le monde, aucune société savante, aucune classification officielle des maladies, aucun manuel médical ne reconnaissant, à juste titre, le fait d'avoir de meilleures performances intellectuelles comme une tare ou un handicap… ce serait un comble !), nous pensons qu'il y a un vrai risque que des personnes ayant un trouble du spectre autistique et un haut niveau de fonctionnement intellectuel ne soient pas diagnostiquées et qu'elles demeurent sur le bord de la route sans aucun accompagnement spécialisé. Il y a quelques études sur le sujet qui montrent d'ailleurs que la proportion de personnes ayant des traits autistiques chez les surdoués est probablement importante, autour de 40 % selon certaines études[1]. Il faut également reconnaître qu'il y a un réel biais dans les consultations pour « surdoués » qui se sont ouvertes les dernières années : seuls ceux qui ont des troubles consultent (mais dans ce cas, lesquels ? et sont-ils diagnostiqués et traités correctement ?), car ceux qui vont bien font des études brillantes, n'ont aucune difficulté relationnelle et n'ont précisément aucune raison de consulter ! Pourquoi consulter un psy si tout va bien ?

L'autre vrai problème avec la notion de QI, c'est que l'intelligence ne se laisse pas enfermer dans une échelle (la définition du haut potentiel intellectuel – HPI – désigne les individus qui obtiennent un score de quotient intellectuel de 130 ou plus sur les échelles de Wechsler[2]). L'intelligence est multiple, évolutive, dynamique dans le temps, et le potentiel de chacun est unique : certains sont plus doués sur le plan verbal, d'autres en logique et en mathématiques, d'autres en musique ou en peinture, d'autres encore, dans leurs capacités de régulation émotionnelle et leurs compétences relationnelles et humaines. Certains découvriront leur potentiel dès la petite enfance, d'autres bien plus tard au cours de leur vie. Mais l'être humain ne peut pas se résumer à un chiffre ou à une case, et parfois les médecins et les scientifiques ont du mal avec cet aspect des choses. Il a été clairement montré par ailleurs que les personnes ayant un trouble du spectre autistique sont sous-évaluées avec les échelles classiques de QI.

Des points communs troublants

Aujourd'hui, une question passionnante que se posent de plus en plus de chercheurs est de comprendre pourquoi il y a tant de traits communs entre enfants à haut potentiel intellectuel et enfants du trouble du spectre autistique[3]. Existe-t-il une neurologie commune entre eux ? La présence de traits autistiques légers est-elle d'une certaine façon un avantage dans certains domaines des fonctions intellectuelles ?

Les caractéristiques que l'on peut retrouver chez de nombreux enfants HPI peuvent faire penser à certains traits communs aux enfants TSA. Ces traits communs sont : des difficultés dans les interactions avec les autres enfants, une hypersensibilité émotionnelle, un usage très précis du langage avec un ton parfois un peu professoral, un fort engagement sur un ou plusieurs centres d'intérêt bien précis, une vie imaginaire intense, de très fortes capacités d'abstraction, des problèmes d'attention et de maladresse. Bien sûr, ces caractéristiques ne se présentent pas systématiquement ensemble et peuvent avoir des origines différentes selon que l'enfant appartient au spectre de l'autisme ou présente un HPI. Par exemple, certains enfants à haut potentiel sont socialement isolés non pas parce qu'ils ont des difficultés particulières dans les habiletés sociales, mais simplement parce qu'ils ont des problèmes pour rencontrer des pairs à leur niveau intellectuel qui ont tendance à les exclure et à les trouver trop prétentieux, tandis que les enfants HPI jugent les autres enfants de leur âge trop superficiels et sans intérêt. Parallèlement, de très nombreux enfants qui ont reçu un diagnostic clair de trouble du spectre autistique présentent également des capacités intellectuelles impressionnantes. De toute évidence, ces deux entités ne sont pas mutuellement exclusives et ont sans doute des bases cérébrales communes. En effet, si seulement 1,5 % de la population présente des traits autistiques plus ou moins légers, la proportion de traits autistiques chez ceux qui ont un haut potentiel intellectuel est bien plus élevée (10-40 % selon les études) : ce qui signifie qu'avoir un haut potentiel intellectuel augmente la probabilité d'avoir également des traits autistiques.

Une étude a mis en évidence les points communs et les différences entre les enfants à haut potentiel avec ou sans trouble du spectre autistique[4]. Dans cette étude portant sur 81 enfants d'environ 11 ans (HPI supérieur à 130), la moitié présentait un trouble du spectre autistique. Les chiffres de QI étaient globalement les mêmes chez les enfants avec ou sans trouble du spectre autistique, sachant que les tests de QI classiques de Wechsler sont conçus pour les neurotypiques et qu'ils sous-estiment le vrai QI des sujets du spectre autistique dans la mesure où les questions ne sont pas adaptées ; l'esprit hypersystématique des autistes les fait se perdre dans les détails des questions et ils sont donc sous-cotés, non pas en raison de moindres capacités cognitives mais du fait de l'utilisation différente de leurs compétences intellectuelles. En revanche, utiliser le test de QI pour identifier un fonctionnement différent est assez pertinent. En effet, lors du passage, on observe chez les enfants du spectre autistique des différences assez typiques dans les réponses. Dans les épreuves verbales par exemple, ils ont tendance à mal hiérarchiser leurs réponses, donnant de nombreux détails qui ne sont pas organisés comme le test l'attend. Ces réponses illustrent la pensée en réseau tellement typique des personnes autistes qui fait également toute leur force. Si les tests classiques ne permettent pas d'évaluer précisément le potentiel des autistes, il n'en demeure pas moins qu'ils peuvent être une aide à la détection des particularités, pourvu que l'œil soit un peu exercé à celles-ci.

Dans l'étude, les enfants avec trouble du spectre autistique présentaient davantage de symptômes de dépression et de problèmes d'attention et d'hyperactivité. Évidemment, ils présentaient bien plus de difficultés que les enfants à haut potentiel non autistiques dans les échelles « Socialisation », « Communication » et « Compétences de la vie quotidienne », ce qui montre que le fait d'avoir un haut potentiel intellectuel est totalement indépendant du fait d'avoir des difficultés relationnelles. Le HPI n'explique absolument pas les troubles des interactions sociales.

Par contre, les deux groupes présentaient des niveaux d'anxiété et des difficultés d'adaptation plus élevés que les autres enfants de leur âge, ce qui veut dire qu'être surdoué entraîne sans doute une hypersensibilité au stress, mais pas forcément plus que cela, en tout cas pas d'autres symptômes psychiques spécifiques.

Cela dit, on peut aller plus loin et se demander si les difficultés d'adaptation chez les enfants HPI dits « normaux » sont révélatrices d'une dimension autistique tellement discrète et compensée qu'elle n'est pas du tout visible dans les tests. En effet, chez les enfants à haut potentiel non autistiques, les compétences de la vie quotidienne étaient inférieures à celles des enfants dits normaux, et, de façon paradoxale, plus le QI verbal était élevé, moins les compétences sociales étaient bonnes[5].

Points communs entre haut potentiel intellectuel et trouble du spectre autistique de haut niveau	**Différences spécifiques au trouble du spectre autistique**
Vocabulaire riche et étendu	Troubles de la communication sociale « évidents »
Plus grande hétérogénéité dans les différentes épreuves de QI	Stéréotypies et rituels
Plus grande tendance à l'introversion	Rigidité cognitive
Difficultés dans les compétences de la vie quotidienne	Opposition, colères, intolérance à la frustration
Atypicités sensorielles (hypersensorialité)	Meilleures capacités visuelles spatiales
Difficultés de régulation émotionnelle	
Plus grande proportion de gauchers	
Centres d'intérêt spécifiques	
Difficultés scolaires (en particulier en primaire) souvent liées à l'inadéquation du système scolaire	
Problèmes d'attention plus fréquents et de fatigabilité cognitive	

Il faut reconnaître cependant que nous avons tous un biais de recrutement dans nos consultations lorsque nous recevons des enfants HPI. Ceux qui ne présentent aucune difficulté sociale ou autre ne viennent jamais consulter ou ne s'intéressent même pas aux études portant sur la surdouance ou autre terme consacré. Les grandes écoles sont pleines de personnes HPI qui n'ont jamais consulté un psy !

La théorie du monde intense

Une certaine proportion d'enfants à haut potentiel (mais attention pas tous les enfants HPI) partage donc certaines caractéristiques communes avec les troubles du spectre autistique, sans répondre pleinement aux critères diagnostiques[6]. Comment comprendre cette proximité ?

Revenons sur l'hyperconnectivité autistique : des recherches utilisant l'imagerie cérébrale ont montré qu'il y a des points communs entre le cerveau des personnes ayant un trouble du spectre autistique et celui des personnes à haut potentiel intellectuel sans trouble autistique. En particulier, dans certaines régions de la matière grise, il y a une bien plus grande densité de neurones avec beaucoup plus de connexions que dans le cerveau des neurotypiques.

Dans l'excellente série *Atypical* sur Netflix, le jeune héros autiste vit une scène qui illustre bien cette théorie du monde intense : à un moment donné, il monte dans un bus. Il y a beaucoup de monde, beaucoup de bruit, beaucoup de lumière et on sent qu'il est complètement oppressé par toutes ces stimulations. Le simple petit tintement du bracelet d'une femme assise à côté de lui suffit à déclencher une crise de stress aigu, comme si le monde autour de lui était vécu avec une puissance mille, sursaturant son cerveau de façon très pénible. Évidemment, tous les passagers se tournent vers lui et le regardent comme s'il était fou.

L'esprit de système : quand le cerveau joue au Rubik's Cube

L'esprit de système, c'est la capacité à découvrir un schéma répétitif à partir de données et à imaginer un modèle. Ces données peuvent être numériques, scientifiques (mathématiques, biologie, médecine, astrologie, mécanique, etc.), musicales, grammaticales, etc. À partir du moment où un certain nombre de règles semblent systématiques et immuables, la capacité à les identifier et à les systématiser est typique de l'intelligence autistique. Cette extraordinaire capacité d'abstraction qui rend capable de créer un modèle à partir d'une série de données qui ne signifierait pas grand-chose pour la plupart des gens qui n'y verraient que le fruit du hasard ou la logique du chaos, est un trait extrêmement caractéristique de l'intelligence autistique[7].

Avez-vous déjà joué au Rubik's Cube ? Le but du jeu est, après avoir mélangé les six faces, de manipuler le cube pour tenter de lui rendre son apparence d'origine, avec les six faces de couleurs unies. D'un point de vue mathématique, le nombre de possibilités est de 43 252 003 274 489 856 000 combinaisons possibles[8] !

Prenons un exemple typique de l'intelligence autistique poussée à son extrême : un enfant du spectre autistique sans acquisition du langage a réussi à résoudre le problème du Rubik's Cube en 1 minute et 7 secondes (notez qu'il n'était pas aussi rapide que le champion du monde 2017, Max Park, qui a résolu le Rubik's Cube en 5,87 secondes !).

Les capacités hors du commun de cet enfant posent plusieurs questions fondamentales. Tout d'abord, pourquoi le développement cérébral de cet enfant a favorisé son intelligence visuo-spatiale au détriment de ses compétences sociales, comparativement aux autres enfants du même âge ? Au minimum, il lui a fallu analyser et mémoriser la séquence des mouvements pour produire le résultat correct, c'est-à-dire acquérir une série de routines qui, se combinant au fur et à mesure, produisent une méthode. Autrement dit, cet enfant atteint d'autisme a redécouvert tout seul, grâce à sa pensée hyperlogique et à sa formidable mémoire visuo-spatiale (et au temps passé, on imagine sans mal le plaisir passé seul à répéter à l'infini les tentatives), la méthode mathématique « couche par couche » pour résoudre le problème de Rubik's Cube, méthode qui, bien appliquée, ne prend que vingt-deux mouvements !

Des implications pour l'éducation et l'enseignement

Toutes les caractéristiques que nous venons de décrire affecteront non seulement la façon dont les personnes avec un trouble du spectre autistique apprennent, mais aussi la façon dont elles devraient être évaluées.

Ce qui peut apparaître comme un style de travail lent peut être dû à la quantité beaucoup plus importante d'informations en cours de traitement sur le plan cognitif.

Un homme du spectre autistique a récemment expliqué : « Je vois toutes les informations en termes de liens. Toutes les informations ont un lien vers quelque chose et je fais attention à ces liens. Si on me pose une question lors d'un examen, j'ai beaucoup de mal à remplir ma réponse dans les quarante-cinq minutes imparties, car chaque donnée que j'inclus comporte des milliers de liens avec d'autres données et je pense que ma réponse sera incorrecte si je ne rapporte pas tous les détails liés. »

L'examinateur pense qu'il ou elle a posé une question bien formulée attendant une réponse concise, mais, pour un autiste, aucun sujet n'est circonscrit. Il y a de plus en plus de détails avec des liens toujours plus intéressants à établir entre les détails et ce, de façon presque infinie.

Lorsqu'on lui a demandé de définir simplement ce qu'est une pomme, il n'a pas pu donner une réponse courte récapitulative telle qu'« une pomme est un fruit », mais a tenté de la définir en relation aux 7 500 espèces différentes de pommes, en énumérant de nombreux types d'espèces, ainsi que les détails associés à leur histoire, la façon dont elles sont cultivées, etc. Lorsqu'on lui a posé des questions sur le concept de scarabée, il ne pouvait pas donner une réponse simple et globale telle que « un scarabée est un insecte », il lui fallait mentionner les 350 000 espèces de coléoptères dont il avait connaissance.

Ce style cognitif est compréhensible en termes de théorie hypersystématique car un concept (pomme, scarabée…) est un système en soi qui se rattache à de nombreux autres concepts par analogie. La réponse triviale à la question « Qu'est-ce qu'un scarabée ? » : « C'est un insecte » apparaîtrait fruste, floue et imprécise pour cette personne, peut-être même la considère-t-il comme une violation flagrante de la vraie réponse parce que des informations factuelles fondamentales ont été laissées de côté. Pour l'hypersystémiseur, tous ces détails sont fondamentaux car ils permettront de prédire comment cette entité spécifique (ce coléoptère spécifique) se comportera ou se différenciera de toutes les autres entités.

On le comprend, ces particularités de fonctionnement cognitif devraient être mieux connues des enseignants pour qu'ils puissent en tenir compte quand ils évaluent un élève. Les tests de QI, les évaluations et les questions d'examen conçus pour les personnes « neurotypiques » peuvent conduire à sous-noter et à passer à côté de connaissances plus profondes et vastes que celles de la plupart des élèves, mais ces derniers pourront obtenir malgré tout de meilleures notes, car étant plus « dans le moule ».

DEUXIÈME PARTIE

L'autisme, une autre façon de penser…

« Qu'arriverait-il si le gène relié à l'autisme était éliminé ? Nous aurions une bande d'humains debout dans une grotte, qui socialisent et bavardent futilement. »

Temple GRANDIN.

CHAPITRE 6

L'autisme : maladie ou (neuro)diversité ?

Au-delà de la dimension scientifique de la question, l'idée de neurodiversité nous semble être une belle idée humaniste : il n'y a pas une bonne ou une mauvaise façon d'être, il n'y a pas de personnes utiles ou inutiles, supérieures ou inférieures à d'autres. Notre diversité, au même titre que nos différences physiques, religieuses, politiques, culturelles ou sexuelles, mérite le respect et la compréhension : immensément précieuse et fragile, elle est le cœur battant de notre société.

La vision de l'autisme comme une forme de neurodiversité et non comme une maladie (il ne s'agit pas de nier que les formes graves soient très handicapantes) implique que les particularités qui ont depuis le départ été considérées comme les symptômes d'un dysfonctionnement cérébral soient en fait simplement le reflet d'un câblage neuronal alternatif, ayant une utilité différente, peut-être le lointain écho d'une adaptation à certains environnements spécifiques au cours de l'évolution de l'espèce humaine, point sur lequel nous reviendrons plus loin.

Si le spectre de l'autisme est bien une neurodiversité et non une maladie, cela implique que nous, les psys, nous nous sommes longtemps trompés, du moins dans notre modélisation du trouble, ce qui a de fortes implications notamment dans le domaine de la recherche et du soin : ce n'est pas la même chose du tout de chercher une anomalie (qui implique une réparation d'une éventuelle lésion cérébrale, avec un objectif de guérison qui consiste à un retour vers la norme) ou de chercher une variation de la norme (ce qui implique non pas une guérison de la personne – comment pourrait-elle être guérie ? – mais une adaptation de l'ensemble de la société à cette différence), au même titre que l'on ne cherche plus comme cela se faisait jusque dans les années 1990 à « guérir » l'homosexualité.

Maintenant, en tant que praticiens, nous savons aussi très bien que l'autisme est un handicap qui peut entraîner beaucoup de souffrance : seule une minorité d'autistes a un travail régulier et la plupart sont dépendants de leur famille. Ils sont confrontés au fait d'avoir à vivre dans un monde qui n'a pas été construit pour eux et qui ne tient pas compte de leurs différences ; ils subissent l'incompréhension, le rejet et la stigmatisation au quotidien.

Mais, nous l'observons régulièrement auprès de nos patients, l'autisme peut aussi être un avantage : c'est notamment le cas dans le domaine de la science, de l'informatique, de l'art, de l'histoire et de la philosophie entre autres. Et si la neurodiversité n'est pas nécessairement synonyme de génie (elle peut même parfois se manifester par des difficultés intellectuelles réelles), mais il est possible que, parfois, elle en soit l'un des ingrédients fondamentaux.

Prenons l'exemple de ce que dans un modèle médical de l'autisme nous nommons « les intérêts restreints et circonscrits, anormaux dans leur intensité, avec persévération » (un symptôme typique que l'on retrouve comme critère diagnostique central dans les classifications internationales) et voyons ce que ce « symptôme » devient dans le cas d'un certain Charles…

Dans le cerveau de Darwin

Nous avons commencé cet ouvrage en invitant Albert Einstein dans nos pages ; nous allons inviter une autre très grande star de la neurodiversité, Charles Darwin, qui partageait comme lui d'étranges points communs, en particulier la façon d'aborder les relations sociales.

La pensée de Charles Darwin était typiquement autistique. D'une part, il se distingue par une recherche active de la solitude, l'une des raisons probables pour laquelle il a préféré voyager seul sur le *Beagle* à la découverte du vaste monde plutôt que de faire médecine, métier relationnel par excellence, que son père cherchait à lui imposer et qui lui aurait permis de faire facilement carrière et d'accéder à une position confortable, aux honneurs et aux meilleurs salons de la ville.

> Quand je quittais l'école, je n'étais ni en avance, ni en retard pour mon âge, et je crois que j'étais considéré par tous mes maîtres et par mon père comme un garçon très ordinaire, voire

plutôt au-dessous de la moyenne. À ma grande mortification, mon père me dit un jour :
– Tu ne t'occupes que de chasse, de chiens et d'attraper des rats : tu feras ton malheur et celui de ta famille (Charles Darwin, *L'Autobiographie*).

D'autre part, son immense capacité d'abstraction et son inventivité hors du commun lui permirent de rompre avec les dogmes établis sans se préoccuper des polémiques aux conséquences dévastatrices pour lui que sa théorie de l'évolution des espèces a engendré à une époque ultraconservatrice. On lui reconnaissait également une mémoire phénoménale et un intérêt majeur pour les détails qui ont été déterminants dans l'élaboration de sa théorie justement basée sur l'observation fine et le recueil minutieux de chaque indice d'évolution biologique chez les végétaux et les animaux observés au cours de ses pérégrinations. Impossible de ne pas être fasciné par l'extrême minutie de sa qualité d'observation, cette « hyperfocalisation » typiquement autistique :

> Comme il est intéressant d'observer la végétation foisonnante qui borde une rivière avec des plantes de toutes sortes, des buissons abritant le chant des oiseaux, une grande variété d'insectes voltigeant de-ci de-là, et des vers rampant sur la terre humide et de se dire que toutes ces formes de vie si parfaitement élaborées, si différentes, mais dépendant les unes des autres de façon complexe, sont le résultat de lois qui agissent autour de nous.

C'est cette capacité de repérer les microdétails et de les systématiser qui a permis à Darwin d'élaborer sa théorie de l'évolution sur la base de ce qui aurait pu sembler à la plupart de ses semblables de menus détails de la vie végétale et animale :

> Il est prouvé aujourd'hui, je crois, que la vessie de la grenouille sert de réservoir à l'humidité nécessaire à son existence ; il semble en être de même pour la tortue. On remarque, en effet, qu'après leur visite aux sources, la vessie de ces animaux se distend considérablement et qu'elle est pleine d'un fluide qui diminue par degrés et qui devient de moins en moins pur. [...] L'eau que contenait la vessie était parfaitement limpide, quoiqu'elle eût un goût légèrement amer (*Voyage aux origines de l'espèce*).

Franchement, quel neurotypique aurait l'idée farfelue d'aller à l'autre bout du monde pour farfouiller la terre et goûter l'urine de tortue ?

Allons plus loin, et osons cette question un brin provocatrice : qu'est-ce qu'un psy d'aujourd'hui penserait d'un grand jeune homme extrêmement réservé qui viendrait consulter à la demande de ses parents – terriblement inquiets de le voir abandonner ses études et sa famille – et qui aurait pour tout projet de s'embarquer avec des inconnus pour aller observer la nature à l'autre bout de la planète ? Se poserait-il la question de la phobie sociale chez le grand Charles ou de la psychose ? Donnerait-il son aval pour le grand départ ou bien prescrirait-il un antidépresseur et une thérapie familiale ? Et si ce psy était formé à la clinique de l'autisme chez le jeune adulte et qu'il repérait ce fameux symptôme des « intérêts restreints et circonscrits, anormaux dans leur intensité, avec persévération », conseillerait-il une remédiation cognitive et des groupes d'habiletés sociales ? Ou bien laisserait-il Darwin partir tranquillement faire ses découvertes, en partant du principe que loin d'être un symptôme de maladie, cette capacité à l'hyperfocalisation sur les détails lui serait un atout considérable et en définitive un outil de découverte scientifique ultrapuissant ?

Un cerveau plus puissant ?

L'immense majorité des articles scientifiques sur l'autisme commencent par rappeler que l'autisme est une pathologie psychique sévère qui entraîne de nombreux handicaps. Les centaines d'études d'imagerie cérébrale, de génétique, de neuropsychologie ou de neurobiologie qui montrent des différences dans le cerveau des autistes les qualifient d'« anomalies ».

Pourtant, nous l'avons évoqué, certaines études montrent que, chez les autistes, le déficit de langage est compensé par une plus grande activité dans le réseau de la vision, ce qui rendrait le cerveau plus efficace dans certaines tâches notamment la capacité à repérer de menus détails dans un environnement saturé en informations[1]. Ils peuvent simultanément dans certaines circonstances traiter de plus grandes quantités de données que les personnes non autistes[2]. D'autres études ont montré la supériorité des autistes de haut niveau dans la reconnaissance des sons[3], la détection de structures et la manipulation mentale de formes tridimensionnelles complexes[4]. À partir d'un jeune âge, ils peuvent s'intéresser aux données et aux structures, comme les nombres, les lettres, les mécanismes et les modèles géométriques – c'est-à-dire la base de la pensée scientifique, et ce bien plus précocement que les enfants non autistes[5] d'où leur côté « petits professeurs ».

Ils ont une meilleure réussite au test d'intelligence visuelle (le test des matrices de Raven comme nous l'avons vu), terminant ce test 40 % plus vite que les non-autistes[6] ! Pourtant, une « maladie » qui conférerait de meilleures performances aux malades qu'aux non-malades est un non-sens absolu en médecine ! Une personne qui souffre d'une maladie, qu'elle soit physique ou psychique, n'a par définition aucune raison d'avoir de meilleures performances qu'une personne dite « saine » ! Au contraire, sa maladie ne devrait représenter pour elle qu'une source de gêne et un handicap. D'où la remise en cause du modèle « maladie » de l'autisme.

Pour le professeur Simon Baron-Cohen, psychologue à Cambridge (l'un des chercheurs les plus renommés dans le domaine de l'autisme) qui défend l'idée d'un continuum entre autisme et neurotypie, un mode de pensée plus axé sur un système ou un objet que sur les relations sociales n'est clairement qu'un handicap dans un environnement qui s'attend à ce que chacun soit social. Mais, d'une certaine façon, c'est injuste. Il prend l'exemple d'un enfant autiste de haut niveau qui préfère rester en classe à lire tout ce qu'il peut trouver sur le rock dans l'encyclopédie pendant la récréation tandis que les autres enfants sont dehors en train de jouer ensemble : doit-on le considérer comme anormal et déficient ? Pourquoi cet enfant devrait-il être considéré comme faisant quelque chose de moins précieux que les autres enfants ? La connaissance étroite et profonde d'un sujet est-elle nécessairement moins précieuse qu'un dilettantisme superficiel ?

Tableau comparant les arguments permettant d'appréhender les troubles du spectre autistique de haut niveau comme une forme de neurodiversité plutôt que comme une pathologie (adapté d'après Simon Baron-Cohen7)

Modèle de la neurodiversité	**Modèle de la maladie**
L'enfant a tendance à suivre ses propres désirs et ses croyances plutôt que de prêter attention ou d'être facilement influencé par les désirs et les croyances d'autres.	Incapacité à tenir compte de l'existence de l'autre
L'enfant a des intérêts forts et persistants qui l'amènent à développement de vastes connaissances dans les domaines qui l'intéressent.	Intérêts restreints et circonscrits
L'enfant est très précis pour percevoir les plus petits détails de l'information.	Obsessionnalité
L'enfant observe et se souvient parfois de bien plus de choses que d'autres.	Incapacité à tenir compte du contexte
L'opinion de l'enfant sur ce qui est pertinent et important dans une situation peut être différente de celle des autres (et parfois plus pertinente).	Idiosyncrasie
L'enfant peut être fasciné par des systèmes que les autres ne comprennent pas (informatique, mathématiques, etc.).	Repli autistique
L'enfant consacre plus de temps à ses centres d'intérêt qu'aux relations sociales (force de travail supplémentaire).	Trouble de la communication sociale

Modèle de la neurodiversité	Modèle de la maladie
L'enfant a une forte préférence pour des expériences qui sont contrôlables plutôt qu'imprévisibles.	Rituels stéréotypés
	Pathologies associées (épilepsie, anomalies chromosomiques..) Faible autonomie sociale, avec des besoins spéciaux et un soutien scolaire, médical, social ou professionnel supplémentaire.

La notion de continuum

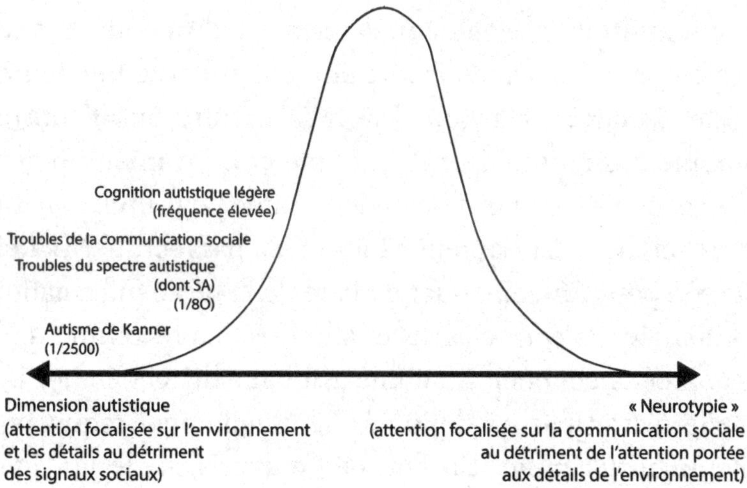

La puissance de l'autisme

En 2011, le professeur Laurent Mottron[8], un autre chercheur de renommée internationale, publie dans la prestigieuse revue *Nature* un article retentissant[9] sur la puissance de la pensée autistique.

Il explique comment il a fait bénéficier son propre laboratoire de recherche de cette « puissance autistique » : « Huit personnes autistes ont été associées à mon groupe : quatre assistants de recherche, trois étudiants et un chercheur. [...] Ils sont là en raison de leurs qualités intellectuelles et personnelles. Je crois qu'ils contribuent à la science en raison de leur autisme, pas en dépit de cela. [...] Au cours des sept dernières années, j'ai collaboré étroitement avec une femme autiste, Michelle Dawson. Elle m'a montré que l'autisme, combiné à une intelligence extrême et à un intérêt pour la science, peut-être une aubaine incroyable pour un laboratoire de recherche. » Et Laurent Mottron n'a pas recruté Michelle Dawson pour lui demander de faire de la saisie informatique des données ni pour classer les archives, il a reconnu en elle ses compétences et en a fait une assistante de recherche, alors qu'elle n'avait pas les diplômes habituellement requis pour obtenir un tel poste. En fait, elle a appris sur le tas, lisant et absorbant comme une éponge des centaines d'articles de neurosciences, les mémorisant et les analysant avec une puissance intellectuelle considérable et, preuve de son efficacité, elle a déjà coécrit et publié plusieurs dizaines d'articles dans des revues scientifiques internationales de qualité. Et il reconnaît aussi à quel point la vision de Michelle Dawson, qui vit l'autisme de l'intérieur, a pu influencer sa propre façon d'aborder la recherche scientifique, comme par exemple le fait de remettre en cause la validité des tests du quotient intellectuel chez les autistes. Car, en effet, les autistes ont un cerveau particulièrement bien armé pour traiter l'information visuelle alors que les régions du langage sont plus fragiles. Pourtant, les tests de QI classiques sont très centrés sur l'utilisation du langage (notamment pour les consignes) et de ce fait sous-évaluent très vraisemblablement leurs véritables capacités intellectuelles, ce qui induit un biais majeur dans la recherche sur le domaine. Conséquence de cette mauvaise utilisation des tests d'intelligence chez les autistes, les études estiment globalement qu'environ 75 % d'entre eux présentent un déficit intellectuel, alors que selon lui, ce chiffre tomberait à 10 % si l'on utilisait des mesures plus appropriées à leur fonctionnement intellectuel spécifique ! Et au-delà des implications de recherche, le fait de sous-évaluer injustement le quotient intellectuel des autistes peut avoir de très fortes implications en termes d'orientation scolaire, universitaire et professionnelle mais aussi, tout simplement, en termes d'estime de soi. Peut-on seulement imaginer le sentiment de gâchis que ressentiraient une mère et un père à qui l'on aurait annoncé un retard mental pour leur enfant et qui découvriraient, plusieurs années après, qu'en réalité on avait largement sous-estimé les capacités et les compétences de leur enfant ?

Le Geek Syndrome

Après l'exemple de la biologie avec Darwin, voici un autre domaine dans lequel l'hyperfocalisation de la pensée autistique apparaît dans toute sa puissance : l'informatique.

Le journaliste Steve Silberman grâce à son livre *NeuroTribes*[10] a largement contribué à diffuser cette conception de l'autisme aux États-Unis, présentée comme un style cognitif différent, une neurodiversité autistique, une forme de pensée logique et analytique particulièrement propice au génie informatique et à la capacité de trouver un bug parmi des milliers de lignes de code.

Au-delà du cas de Mark Zuckerberg précédemment évoqué, il semble que dans la communauté des codeurs, hackers et autres ingénieurs de la Silicon Valley et des GAFA (Google, Apple, Facebook, Amazon), la fréquence des troubles du spectre autistique soit plus élevée que celle observée dans la population générale, qui est d'environ 1 personne sur 59 selon le CDC (Centers for Disease Control and Prevention[11]), l'organisme officiel américain qui recense la prévalence de toutes les maladies dans la population générale.

La question s'est posée de savoir si dans les régions et les campus spécialisés dans les technologies de l'information on trouverait une proportion plus importante d'adultes Asperger et logiquement, puisqu'il s'agit d'une transmission génétique, plus d'enfants du spectre autistique[12].

Eindhoven est une sorte de Silicon Valley des Pays-Bas (Philips s'y est installé depuis 1891, et on y trouve les sièges d'IBM, ATOS, ASML…), 30 % des emplois y sont liés aux hautes technologies. Des chercheurs ont comparé la fréquence d'enfants médicalement suivis pour des troubles du spectre autistique à Eindhoven et à deux autres régions du pays moins avancées dans ces secteurs high-tech (en l'occurrence Utrecht et Haarlem). Ils ont étudié le dossier médical de plus de 60 000 enfants âgés de 4 à 16 ans et les résultats sont éloquents : 2,2 % des enfants d'Eindhoven sont du spectre, contre seulement 0,6 % à Utrecht et 0,8 % à Haarlem[13] !

Par ailleurs, il a été montré que les parents d'autistes sont fréquemment ingénieurs, informaticiens et mathématiciens. Une étude portant sur 1 000 familles a révélé que les parents et les grands-parents biologiques des enfants atteints d'autisme étaient deux fois plus susceptibles de travailler dans le domaine de l'ingénierie. En effet, presque 1 enfant autiste sur 3 avait au moins un parent qui était ingénieur[14].

La chaîne de télévision britannique Channel 4 diffuse une émission spéciale médicale, *Embarrassing Bodies : Live from the Clinic*, qui remporte un grand succès (une sorte d'équivalent de notre *Magazine de la santé*). Dans l'émission d'avril 2014 consacré à l'autisme, la chaîne a proposé à ses téléspectateurs de se connecter sur le site de l'émission et de remplir de façon anonyme le questionnaire de quotient autistique. En quelques jours, il a été recueilli de cette façon près d'un demi-million de questionnaires et les données ont été traitées par l'Autism Research Centre de l'Université de Cambridge. Les analyses ont montré que le quotient autistique était élevé chez 15 % des hommes et 9 % des femmes (ce qui est très élevé mais doit tenir compte du fait que l'émission a sans doute naturellement attiré beaucoup de personnes du spectre). Comme on s'y attendait, les personnes ayant un quotient autistique élevé avaient plus fréquemment des emplois d'informaticiens et d'ingénieurs[15] .

Les meilleurs mathématiciens du monde sont-ils autistes ?

Chez les étudiants évalués par un questionnaire de quotient autistique (dont la version française est disponible sur le site http://www.autismresearchcentre.com/arc_tests ou de façon plus pratique avec les résultats en ligne sur le site canadien Psychomedia http://www.psychomedia.qc.ca/tests/quotient-du-spectre-autistique-adulte) largement utilisé à travers le monde, Simon Baron-Cohen a montré que les étudiants de Cambridge en sciences avaient des scores d'autisme plus élevés que la population (en particulier les étudiants en informatique et en mathématiques par comparaison aux étudiants en médecine et en biologie) et que les gagnants des Olympiades de mathématiques avaient des scores encore plus élevés, relativement proches de ceux des personnes autistes diagnostiquées et suivies comme telles[16].

Outre les mathématiciens, les ingénieurs et les informaticiens, on trouve dans leurs familles également souvent de brillants universitaires reconnus comme de vraies pointures en histoire, en linguistique ou en philosophie, mais dont on retient toujours une note de solitude et d'excentricité. Je pense au père d'un jeune homme, universitaire renommé, qui ne participe ni aux congrès ni aux mondanités avec ses collègues mais préfère demeurer seul à écrire ses articles dans sa tour d'ivoire, en l'occurrence un tout petit bureau miteux à la faculté, bien caché au fond d'un couloir au dernier étage le plus délabré du bâtiment, où il s'est réfugié pour trouver avant tout le silence et le calme qui sont ses meilleurs amis. Son antre est littéralement bourré jusqu'au

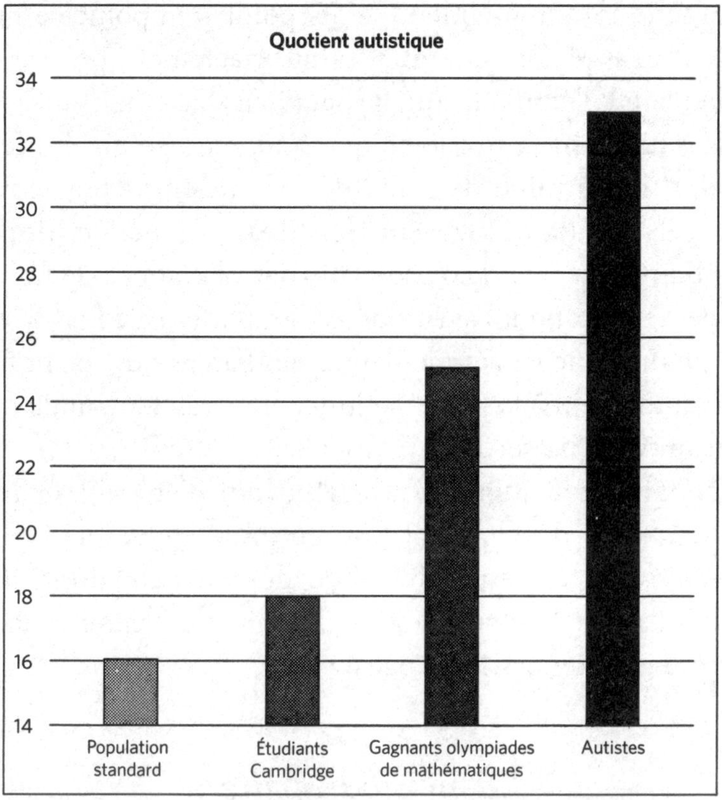

plafond d'articles et de dossiers à tel point qu'il doit jouer au contorsionniste pour accéder à sa chaise. Comme il refuse absolument d'être dérangé, il n'y a pas le moindre téléphone et ceux qui veulent accéder à lui se perdent en général dans les méandres des couloirs de la fac, ce qui l'arrange bien ; tout juste tolère-t-il qu'on lui envoie un e-mail, auquel il ne répond que rarement et s'il en juge la nécessité selon ses propres critères. Ses thésards se plaignaient du fait que, lorsqu'ils venaient le solliciter, ils n'avaient quasiment jamais de réponses à leurs questions, leur professeur ne daignant pas même lever la tête pour les regarder. Tout juste émettait-il un vague grommellement. Mais point d'impolitesse chez lui : il m'avait expliqué qu'il savait exactement prédire, s'il répondait à l'étudiant, quelle serait sa deuxième question, puis à nouveau sa troisième question, etc., ce qui lui ferait perdre une dizaine de minutes de son temps précieux et que cela, multiplié plusieurs fois dans la semaine, risquait d'entraîner un retard considérable dans l'avancée de travaux fondamentaux pour l'avenir de sa discipline. Une fois, il avait fait pleurer une de ses meilleures étudiantes qui venait frapper timidement à la porte : « Sortez immédiatement de mon bureau, vous ne servez à rien ici ! »

Certains sont juges ou avocats ; loin d'être d'excellents plaideurs, ils développent une curiosité insatiable et une connaissance hyperpointue d'un domaine du droit, dans lequel ils excellent au point de devenir une référence largement reconnue par leurs pairs.

La neurodiversité : un concept inventé par et pour les autistes

La première personne à avoir utilisé le mot « neurodiversité » semble être Judy Singer, mère d'une petite fille autiste et elle-même du spectre autistique, et qui cherchait à faire pour les autistes ce que les mouvements féministes et LGBT avaient fait pour défendre leurs droits ainsi que par le journaliste Harvey Blume dans ses articles « Autistics, freed from face-to-face encounters, are communicating in cyberspace[17] » et « Neurodiversity : On the neurological underpinnings of geekdom[18] » (Neurodiversité : sur les piliers neurologiques du royaume geek), dont l'origine était une parodie d'étude humoristique sur les « neurotypiques », c'est-à-dire les personnes non autistes, considérées à rebrousse-poil comme déficientes par comparaison aux autistes[19].

Et ce n'est pas un hasard si la première personne à avoir utilisé le mot « neurodiversité » dans un congrès scientifique est également du spectre autistique. Il s'agit de Jim Sinclair, qui n'a pas parlé avant l'âge de 12 ans, fondateur du mouvement pour les droits des personnes autistes (*autism rights*) et cofondateur de l'association Autism Network International. Derrière l'utilisation de ce terme « neurodiversité », il y a une position très militante visant à déstigmatiser l'autisme, explicitée dans l'un de ses articles « Don't mourn for us[20] » (« Ne nous pleurez pas ») dont on peut trouver une traduction française sur le site de l'association Asperansa[21]. Jim Sinclair s'adresse plus précisément dans son article aux parents d'enfants autistes, il commence par évoquer la question de l'immense chagrin qu'ils éprouvent lorsqu'ils découvrent le diagnostic et doivent faire leur deuil de l'enfant idéal. Voici quelques extraits de cet article poignant : « L'autisme n'est pas quelque chose qu'une personne a, ou une coquille dans laquelle une personne est enfermée. Il n'y a pas d'enfant normal caché derrière l'autisme. Il y a un être humain tout simplement […]. Regardez à nouveau votre enfant autiste, et dites-vous : Ce n'est pas l'enfant auquel je m'attendais et quc j'avais planifié. C'est un enfant extraterrestre qui a atterri dans ma vie par accident […]. Il a besoin de quelqu'un pour s'occuper de lui, pour lui apprendre, pour lui servir d'interprète et pour le défendre. »

Il faut reconnaître cependant que cette adaptation est souvent très difficile pour les parents. Certaines familles développent des capacités exceptionnelles d'adaptation à l'autisme et font de leur vie un combat pour l'acceptation de cette différence, développent des outils pour aider leur enfant, militent pour leur intégration scolaire et sociale et transmettent leurs connaissances durement acquises par l'expérience à d'autres familles à travers livres, témoignages télévisuels ou blog personnel. Pour diverses raisons, toutes les familles n'ont pas cette faculté d'adaptation. Il ne s'agit en aucun cas de culpabiliser lorsqu'on n'y parvient pas. Les mamans d'autistes ont suffisamment été culpabilisées dans les décennies précédentes pour que le culte de la mère frigidaire responsable de l'autisme de son enfant ne soit pas remplacé par le culte de la mère toute-puissante dans l'acceptation et la rééducation de son enfant. Non ! Accepter la différence ne signifie pas que cela soit facile, bien au contraire. Les familles qui ont un enfant du spectre autistique sont plus fragiles que les autres et le taux de divorce des couples parentaux est extrêmement élevé. Il y a plusieurs années, Autisme France (association de parents d'enfants autistes) avait tiré le signal d'alarme sur le taux d'infanticide chez les parents d'enfants autistes à bout de souffle. L'acceptation de la neurodiversité passe aussi par une meilleure connaissance de ces particularités et par la transmission d'informations adaptées pour les familles qui se trouvent souvent démunies face à leur enfant. La maltraitance n'est pas rare non plus. Le parent n'est pas un pervers, il n'est pas malveillant face à son enfant… il craque. Et cela arrive notamment quand il est isolé et ne trouve pas d'aide suffisante et adaptée, sachant que nous sommes dans notre pays dans une situation de pénurie dramatique de moyens…

Nous relatons ici un cas de maltraitance de ce type de situation de mauvaise compréhension assez typique.

Une petite patiente de 11 ans, que nous appellerons Élise, vit avec sa mère depuis le divorce de ses parents, sept ans plus tôt. Elle voit son père un week-end sur deux et la moitié des vacances scolaires, comme c'est souvent le cas dans ce genre d'arrangement. Elle présente un trouble du spectre autistique diagnostiqué il y a seulement un an alors qu'elle avait déjà 10 ans. Sa maman a rapidement pris les choses en main et s'est sentie soulagée à l'annonce diagnostique. Elle s'est rapidement renseignée sur le syndrome, a transmis des informations à l'école qui a enfin compris pourquoi cette enfant paraissait tellement différente malgré son étonnante intelligence.

Si les choses ont été facilement acceptées de ces deux côtés, la famille paternelle a été et reste très en difficulté. Le papa ne comprend pas bien de quoi il s'agit et la grand-mère maternelle encore moins. Ils ne comprennent pas ce décalage entre l'intelligence et la capacité sociale d'autant qu'Élise est capable de se contrôler parfaitement à certains moments comme le font souvent les filles. Ce papa qui peine à reconstruire sa vie et a perdu son emploi, est très démuni. Il est probable qu'il présente lui-même une forme légère d'autisme qui altère sa capacité de réciprocité émotionnelle. Il supporte de plus en plus mal les crises de colère de sa fille d'autant que celle-ci grandit et que les colères sont de moins en moins tolérables sur le plan social. Or Élise subit d'importantes intolérances sensorielles, elle ne supporte pas le port de certains vêtements sur sa peau et la vue d'une tache sur l'un d'eux est insupportable. Un samedi soir alors qu'elle est chez son père, elle renverse un peu de sauce sur son pull. Elle demande alors à sortir rapidement de table pour pouvoir se changer. Son père interprète cette demande comme un caprice et refuse. Élise est de plus en plus mal au fur et à mesure que les minutes passent, elle commence à s'agiter et demande avec plus d'insistance à changer son vêtement. Son père se donne alors pour mission de ne pas céder à son « caprice » et lui ordonne de se calmer et de rester à table, il fait appel à sa connaissance éducative issue certainement de l'éducation qu'il a lui-même reçue. Le ton monte rapidement et père et fille finissent par se disputer. Le papa est en colère mais Élise est en pleine phase de *shutdown/meltdown*. Elle ne peut plus se contrôler et hurle. Son père, à bout, la plaque au sol et lui assène plusieurs gifles.

Cette scène d'une rare violence fera l'objet d'une plainte au commissariat. Élise ne veut plus retourner chez son père. L'enjeu de cette plainte, au-delà de l'aspect juridique qu'elle revêt, réside surtout dans le fait que cette famille puisse bénéficier de l'aide d'un éducateur qui pourra aider ce papa à comprendre sa fille. Il ne s'agit pas de séparer définitivement Élise de son père, au contraire, il faudra travailler ce lien filial abîmé par une difficulté parentale à s'ajuster. Il est probable que si l'aide était arrivée en amont, la situation n'aurait peut-être pas dégénéré de la sorte. Mais notre société a encore trop peu d'outils pour accepter et aider les personnes autistes avant que les problèmes n'arrivent.

La recherche sur la neurodiversité

Coupler l'imagerie cérébrale et l'intelligence artificielle

Dans le domaine des neurosciences, l'imagerie cérébrale a fait un bond en avant considérable au cours des dernières années. Couplée à l'intelligence artificielle, elle pourrait aider à détecter le diagnostic d'autisme très précocement. C'est ce que montre une étude américaine[22], selon laquelle le fonctionnement des circuits cérébraux mesurés chez les bébés de 6 mois est corrélé à l'âge de 2 ans avec les capacités sociales, le langage et le développement moteur. Dans cette étude, l'algorithme est capable de prédire le risque d'autisme avec une efficacité redoutable proche de 100 % ! L'imagerie cérébrale montre également qu'une augmentation plus rapide de la taille du cerveau dans l'enfance pourrait être un signe de trouble du spectre de l'autisme[23].

Une organisation cérébrale différente

Les personnes du spectre autistique ont une organisation cérébrale différente[24], en grande partie d'origine génétique. On retrouve en particulier des différences dans le nombre et dans l'organisation des cellules communicantes du cerveau, les neurones, différences qui sont prédéterminées avant la naissance. Ainsi, chez les autistes, on estime qu'il y a environ 70 % de neurones en plus dans certaines régions du cerveau ! Ce surplus de neurones se condense dans des régions particulièrement stratégiques pour les fonctions intellectuelles dites

« supérieures », à savoir la part de matière grise qui se trouve vers l'avant du cerveau (cortex préfrontal)[25]. L'organisation et le « câblage » de ces neurones sont différents avec une augmentation du nombre et des connexions des neurones dans certaines régions très précises[26]. C'est ce qui explique probablement la meilleure capacité à traiter une grande quantité de détails. En contrepartie, il y a une diminution de la densité des neurones qui servent à échanger l'information à plus longue distance et à harmoniser le fonctionnement de différentes structures éloignées les unes des autres[27], d'où la difficulté à traiter la globalité du contexte, notamment dans les régions du langage[28], de la capacité à interpréter les intentions et les comportements des autres (les neurones miroirs[29]), ainsi qu'une diminution des neurones qui relient les deux hémisphères cérébraux. Les troubles du spectre autistique n'ont donc strictement aucun lien avec le manque d'amour parental comme de nombreux psychiatres le pensaient !

Les découvertes de la génétique

L'autisme et les troubles associés sont éminemment liés à leur caractère héréditaire. Ainsi les frères et sœurs d'un enfant présentant un trouble du spectre autistique ont cinquante fois plus de risques de développer un trouble de la communication que dans la population générale. De même on note une fréquence plus élevée chez les vrais jumeaux partageant le même patrimoine génétique que chez les faux jumeaux qui n'en partagent que la moitié.

À côté de l'imagerie, les immenses progrès des outils de génie génétique permettent d'accéder à de nouvelles découvertes, comme la compréhension de l'importance du rôle des mutations « mosaïques » dans l'autisme[30], ces mutations génétiques qui interviennent chez l'individu sans qu'elles soient héritées du patrimoine génétique des parents et qui n'apparaissent seulement que dans certaines cellules du corps, notamment dans des régions stratégiques du cerveau impliquées dans la régulation des émotions et les interactions sociales.

Et si la composante génétique de l'autisme est aujourd'hui clairement admise, pour autant tous les gènes ne sont pas encore clairement identifiés. Pour illustrer ce type de recherche, citons cette étude très récente, menée chez plusieurs centaines d'enfants, qui a mis en évidence les gènes qui régulent la capacité à utiliser le regard durant les interactions sociales[31]. Plus globalement, les gènes incriminés dans l'autisme sont en particulier impliqués dans le fonctionnement de la synapse[32], cet espace de communication entre les neurones qui permet aux cellules du cerveau de fonctionner en réseau.

Ce qu'il faut retenir de plusieurs décennies de recherche en génétique moléculaire et que des centaines d'études ont montré, c'est qu'il n'y a pas UN gène de l'autisme mais de très nombreux gènes impliqués[33], avec de nombreux suspects (leurs doux petits noms sont NLGN3/4, SHANK3, NRXN1, TSC1/2, PTEN, NF1, FMR1, MECP2, etc). Il existerait même peut-être des mutations individuelles différentes pour chaque personne autiste[34] !

Que sait-on du rôle de l'environnement ?

On connaît encore mal le rôle de facteurs environnementaux (toxiques, métaux lourds, perturbateurs endocriniens, etc.), mais on a montré l'implication durant la grossesse d'un médicament, la Dépakine®, sur le risque de troubles neurodéveloppementaux[35]. À l'inverse, on a clairement montré que le vaccin de la rougeole n'augmente pas le risque d'autisme, contrairement à ce qu'une vieille étude avait suggéré[36].

En revanche, on suspecte des modifications de l'immunité et de l'inflammation cérébrale chez les personnes ayant un trouble du spectre autistique[37] avec une implication possible de la flore intestinale[38].

La découverte de nouvelles pistes thérapeutiques

L'identification des gènes est importante car, au-delà de la compréhension des mécanismes moléculaires de l'autisme, elle peut aboutir à la recherche de traitements. Parmi les pistes particulièrement prometteuses, des chercheurs ont montré que l'administration de spray d'ocytocine, l'hormone de l'attachement affectif, augmenterait les capacités sociales chez les enfants autistes[39]. Citons également les travaux d'une équipe française qui a montré au travers d'un essai clinique préliminaire mené sur près d'une centaine d'enfants autistes que l'utilisation d'un médicament commercialisé depuis les années 1970, le Burinex® (un diurétique qui régule le niveau de chlore dans les neurones – et donc leur excitabilité), permet une nette amélioration des difficultés d'interactions sociales et des comportements stéréotypés[40].

La théorie de l'évolution de Darwin peut-elle expliquer la neurodiversité ?

Personne aujourd'hui ne sait pourquoi la fréquence des gènes de l'autisme demeure si importante (rappelons que 1 personne sur 59 est concernée par le spectre autistique). Personne ne sait non plus si leur présence dans notre génome est le fruit du hasard ou de la sélection naturelle.

Sur ce dernier point, la recherche est encore balbutiante, mais des pistes intrigantes surgissent depuis peu. Par exemple, une équipe milanaise[41] a montré que des vestiges de séquences génétiques néandertaliennes pourraient avoir influencé la diversité génétique de gènes du neurodéveloppement impliqués dans l'autisme.

Certains chercheurs suggèrent que la clé de la neurodiversité se trouve dans la psychologie évolutionniste, cette discipline qui tente d'expliquer le comportement de l'homme par les adaptations mises en place à l'époque préhistorique par la sélection naturelle. Ces chercheurs pensent que certains traits autistiques ont eu leur utilité en termes de survie de l'espèce humaine durant certaines époques ou dans certains environnements. Pour ce faire, il faut situer les choses dans le contexte de l'époque où notre espèce a émergé et a difficilement tenté de survivre au milieu de tous les dangers. À l'aune de l'évolution, nous ne sommes sortis de la jungle que très récemment. Or, dans cet habitat touffu propice au camouflage, notre principal prédateur était le serpent…

L'hyperfocalisation sur les détails, ce trait autistique typique qualifié de pathologique dans l'environnement qui est le nôtre aujourd'hui, aurait pu, à l'époque, être un formidable outil de préservation. Voyons où nous mène la piste de ce serpent mystérieux qui aurait façonné le cerveau humain par sa seule présence menaçante…

Reconnaître le serpent caché : l'explication de l'hyperfocalisation autistique ?

> « Les grandes personnes m'ont conseillé de laisser de côté les dessins de serpents boas ouverts ou fermés, et de m'intéresser plutôt à la géographie, à l'histoire, au calcul et à la grammaire. »
>
> Antoine de SAINT-EXUPÉRY, *Le Petit Prince*.

Le serpent est, selon Bachelard, « un des plus importants archétypes de l'âme humaine[42] » et même la Bible, dès ses premières pages, nous met en garde contre le reptile sournois ! Même le plus célèbre des dessins animés de Walt Disney, *Le Livre de la jungle*, continue, avec son terrible Kaa, à fasciner les générations d'enfants. D'ailleurs les études montrent que parmi toutes les phobies, c'est celle des serpents (ophidiophobie) qui est la plus fréquente : nous avons plus peur des serpents que des virus ou de la guerre atomique !

Et il y a une raison à cela : nous, les mammifères, avons eu à cohabiter avec cet étrange partenaire depuis plusieurs dizaines de millions d'années… Et ça, notre cerveau archaïque ne l'a pas oublié ! Et pour preuve, c'est bien cette mémoire archaïque du démon serpent qui a sauvé la vie de l'anthropologue Lynne Isbell. La jeune femme traversait une clairière dans le centre du Kenya en 1992, lorsque soudainement elle s'est sentie figée, statufiée sur place, totalement immobile et silencieuse... Et pour cause, elle se trouvait nez à nez avec un cobra en position d'attaque qu'elle n'avait pas vu dans son camouflage de verdure. Heureusement, elle s'est figée ; son cerveau a réagi automatiquement et a stoppé sa marche. Une fraction de seconde plus tard, si elle avait continué à marcher dans la direction du reptile, elle aurait été mordue. Dans les années qui ont suivi sa rencontre avec le cobra, Isbell a développé une théorie alternative à la théorie classique selon laquelle le développement des aires cérébrales visuelles chez *Homo sapiens* serait lié à la saisie d'objets au cours de l'évolution. Selon cette nouvelle théorie, les vrais responsables de cette évolution seraient les serpents : à cause d'eux, nos yeux se seraient progressivement tournés vers l'avant, nous aurions développé une excellente perception de la profondeur et des couleurs et la meilleure acuité visuelle du monde des mammifères[43]. Car les écailles de serpent sont pour les primates un indice visuel de danger majeur, quand bien même ils n'en ont jamais vu au cours de leur vie : quand on présente par exemple aux vervets bleus, des tout petits singes de 50 centimètres, un petit morceau de la peau de couleuvre, la simple vue du motif des écailles les met en panique et ils se souviennent longtemps après de l'endroit où ils l'ont aperçu[44]. Partant des données scientifiques nombreuses qui prouvent que les personnes du spectre autistique ont une meilleure vision du détail que les neurotypiques qui ont un traitement visuel plus global, et en s'inspirant de la théorie d'Isbell, une équipe japonaise a réussi à montrer que les personnes du spectre autistique repèrent plus efficacement que les non-autistes les serpents camouflés au milieu de photos de végétaux[45] !

Si selon la théorie de la sélection naturelle les serpents ont bien influencé l'évolution de notre système visuel, ce dernier devrait s'être amélioré et spécialisé dans la détection des reptiles de façon beaucoup plus efficace que dans la détection d'autres animaux non dangereux. Pour le déterminer, des séries d'images de serpents et de chats plus ou moins pixellisées ont été montrées aux participants d'une étude[46] : les images de serpents étaient, à niveau de floutage équivalent, systématiquement mieux reconnues, prouvant que notre système visuel continue à reconnaître avec plus de rapidité et de précision les serpents, alors même que les chats font aujourd'hui beaucoup plus partie de nos vies !

Du serpent à la géométrie : comment l'intelligence visuelle a évolué

Ainsi, selon la psychologie évolutionniste, les personnes du spectre autistique auraient hérité de compétences plus élevées dans l'hyperfocalisation sur les microsignaux de dangers de l'environnement, en contrepartie de quoi le prix à payer aurait été une moins bonne capacité de décryptage des signaux sociaux.

Il est difficile de savoir quelles stratégies furent plus efficaces du point de vue de la survie car cela dépendait étroitement de l'environnement dans lequel nos ancêtres évoluaient. Or, pour les espèces qui vivent en groupe, la vigilance portée aux comportements sociaux tels que les visages, les regards, les postures et le langage est le meilleur gage de survie. Par exemple la détection d'une mimique faciale de peur chez un congénère doit pouvoir générer la fuite avant même d'avoir vu soi-même la source du danger. De même, la capacité à s'adapter à l'autre notamment en termes de comportements de soumission ou de domination en fonction du contexte est tout aussi vitale : si le primate le plus chétif du groupe ne se met pas en position de soumission lorsqu'il est menacé par un congénère plus puissant et qu'il ne prête pas attention aux comportements de colère et de menace de ce dernier, il se fera attaquer et mourra ; à l'inverse, les signaux de domination sont essentiels pour l'individu qui veut conquérir un territoire vital pour la chasse ou assurer sa descendance en protégeant sa femelle. Enfin, les comportements plus complexes d'agression indirecte qui conduisent à l'exclusion d'individus dangereux sans les combattre nécessitent des stratégies plus subtiles d'influence : pour que le groupe décide communément d'exclure l'un de ses membres, il faut savoir convaincre et connaître les rouages de la moquerie et de la honte.

Captain Fantastic : homme des bois ou as de la tchatche ?

Au fil du temps, les hommes ont constitué des groupes sociaux de plus en plus organisés et la capacité d'hyperfocalisation sur les microdétails de l'environnement est progressivement devenue inutile à la survie car ils se protégeaient mutuellement. En dehors de la vie solitaire dans certaines contrées, la capacité à détecter les serpents n'assure hélas plus une carrière de rêve au sein de la tribu ! Nous remettons les clés de notre survie aux mains de la communauté, au point de tellement dépendre d'elle que nous serions incapables de survivre dans la forêt quelques jours, à moins d'avoir fait l'un de ces coûteux stages de survie. Aujourd'hui, dans la cité, ce sont nos habiletés sociales qui sont les garantes de notre sécurité, de notre aptitude à trouver notre place, à obtenir la reconnaissance sociale de nos pairs, à gravir les échelons d'une carrière (notamment dans le monde de l'entreprise, de la politique, dans les carrières commerciales, du management et de la communication, ne pas avoir un minimum « la tchatche » sera un handicap en termes d'évolution de carrière et aura un impact sur les revenus et la capacité à assurer le support financier de sa famille). Pour résumer, la capture du cobra royal ne nourrit plus son homme ! Le prix à payer est que nous sommes devenus totalement dépendants des autres et incapables de survivre dans notre habitat naturel originel. Bien sûr, dans d'autres domaines, être un as du discours sera totalement contre-productif, voire synonyme d'échec : par exemple si l'homme des cavernes avait passé le plus clair de son temps dans d'interminables réunions suivies de déjeuners tout aussi interminables, nous serions certainement encore en train de nous épouiller dans la jungle. En sciences, en philosophie, en mathématiques, en astronomie, en médecine, si Galilée, Darwin, Spinoza, Gallois, Pasteur, Einstein et tant d'autres avaient été de grands mondains écumant les *afters* au petit matin après avoir dansé comme des endiablés toutes les nuits, nous en serions encore à gratter des silex sous la pluie.

Ainsi, pour les éthologues ou les biologistes qui travaillent isolés au fond de la forêt, pour ces petits génies de l'informatique qui codent en ce moment même les systèmes informatiques qui nous propulsent à l'ère de l'intelligence artificielle, ou les savants qui sont en train de faire des découvertes décisives sur le cancer, un soupçon de pensée autistique sera mille fois plus utile que le fait de savoir converser. Et leur contribution à l'avenir de l'humanité sera plus consistante s'ils passent leur temps isolés et concentrés sur leur travail que dans les dîners mondains !

Il est trop tôt pour dire si cette théorie évolutionniste de l'autisme est une lubie de chercheur ou une réalité permettant de comprendre pourquoi un câblage cérébral différent plus spécialisé dans le traitement des microdétails de l'environnement a pu génétiquement servir la survie de l'espèce et accessoirement contribuer à produire des prix Nobel et des génies des GAFA, et même si elle n'explique pas tout, loin de là, elle a le mérite d'aborder d'un point de vue résolument nouveau la clinique du spectre autistique.

Polémiques autour du concept de neurodiversité

En France, la notion de neurodiversité demeure relativement méconnue et génère même une certaine méfiance. Le président de l'association Vaincre l'autisme[47] exprimait un point de vue mettant en relief le danger qu'il y aurait à occulter les formes d'autisme sévères[48]. Il soulignait le fait que la neurodiversité est un concept défendu majoritairement par des personnes atteintes d'autisme « léger » et que si cette perspective améliore les débats autour de la problématique de l'autisme et notamment de la reconnaissance de ses besoins spécifiques, du respect des droits de la personne, elle ne doit pas faire abstraction de l'aspect médical et handicapant des formes plus sévères d'autisme.

Neuro-optimisme ou neuroscepticisme ?

Denis Forest, professeur de philosophie à Nanterre, exprime dans un article intitulé « Les ambiguïtés de la neurodiversité : un droit à la différence[49] ? », son inquiétude face à un risque de réductionnisme scientiste (il explique que les neurosciences n'expliquent pas l'autisme, ce qui est un point de vue que nous ne partageons pas) et d'essentialisation de personnes qui s'identifieraient (ou que la société identifierait) à outrance à des sortes d'*aliens* cérébraux. En lisant cet article de fond fort intéressant, on se pose la question suivante : quels sont finalement les avantages et les inconvénients réels pour les autistes dans la « vraie vie » de la diffusion de l'idée de neurodiversité ? Finalement, même si nous entendons ses mises en garde, nous sommes moins « neurosceptiques » (pour paraphraser le titre de son livre *Neuroscepticisme*[50]) que lui. Pour des personnes autistes, on peut imaginer que le fait de s'identifier fortement à une communauté d'individus qui présentent des différences communes, difficiles à assumer, qu'une société – la nôtre – stigmatise, devrait peut-être permettre de se sentir un peu moins seuls, de découvrir une vision plus positive – en tout cas alternative à l'approche actuelle qui fait de l'étiquette « autiste », sans aucune considération pour son degré d'intensité, d'autonomie ou de compétences, une marque d'infamie aux yeux du grand public et une malédiction pour la famille. Cette approche alternative peut permettre de partager de l'information sur des sites collaboratifs et surtout de revendiquer des droits (y compris comme cela fut le cas pour les homosexuels, en particulier celui de ne plus être internés pour recevoir des électrochocs comme cela fut le cas par le passé). Du reste, quand on visite les sites sur la neurodiversité, dont la page Facebook (https://www.facebook.com/neurodiversite/), on accède à des articles bien écrits, documentés, personnels et touchants ; par exemple le témoignage « Sur la voie de l'acceptation » d'Aspipistrelle : « Mille jours. C'est le temps qu'il m'aura fallu pour accepter mon diagnostic de syndrome d'Asperger reçu à l'âge de 36 ans. Il y a trois ans, j'ai découvert mon talon d'Achille : mon syndrome d'Asperger. Des psychiatres et psychologues ont déterré les vestiges de mon âme tels de méticuleux archéologues mettant au jour des ossements multimillénaires, me laissant avec ces morceaux poussiéreux dans l'attente de reformer un tout qui révélerait un quelconque secret [...]. L'acceptation, c'est pour moi, ne plus avoir honte de qui je suis, ne plus avoir peur du regard de l'autre, ne plus avoir la boule au ventre à l'idée que mon "terrible secret" soit dévoilé. Le Joker peut bien arracher le masque de Batman, il n'éteindra pas le désir irrépressible de justice de Bruce Wayne. »

On y retrouve également les événements organisés par la communauté : la Journée de la fierté autistique et le Salon de la neurodiversité.

Dans tous les cas, il nous semble que l'un des grands avantages de l'idée de la neurodiversité, peut-être le principal, est de parler de l'autisme autrement, de contribuer à la déstigmatisation et d'ouvrir plus largement le débat auprès du grand public. L'espoir intime que nous nourrissons en écrivant cet ouvrage est précisément de contribuer, au côté des associations, de servir cette cause de la déstigmatisation et d'aider à rattraper le grand retard que nous avons sur d'autres pays comme la Suède, le Canada, l'Angleterre, l'Australie, les États-Unis...

CHAPITRE 7

L'histoire et le sens

Printemps 2018. Alors que nous sommes en train de mettre la dernière main aux épreuves de notre manuscrit, nous découvrons avec accablement dans la presse grand public que Hans Asperger, médecin visionnaire, pionnier de la pédagogie des enfants autistes dont le syndrome dont nous parlons porte le nom, a coopéré activement avec le IIIe Reich.

L'homme par qui le scandale devait arriver, un historien de la médecine, Herwig Czech, a découvert que son propre grand-père était nazi et s'est fait pour spécialité de déterrer le passé d'anciens médecins collaborateurs « blanchis » du nazisme. Il publie une série de documents inédits dont le monde entier vient de prendre connaissance[1], y compris les dossiers personnels du docteur et des études de cas de ses patients. Le doute n'est désormais plus possible, l'ambivalence plus permise : Hans Asperger a « coopéré activement » avec le programme nazi d'euthanasie d'enfants, c'est-à-dire de meurtre ; il fut un participant actif du IIIe Reich en soutenant le concept d'hygiène raciale, les stérilisations forcées et en condamnant à la mort des enfants qui, selon lui, n'étaient pas « éducables ».

Pour nous, c'est un véritable coup de massue car, outre le fait qu'il a fallu réécrire en urgence toute une partie du livre, la tristesse, le malaise, la colère que nous ressentons nous amène – et c'est sans doute *in fine* une bonne chose – à reconsidérer tout une part de nos conceptions sur la place et le sens de la neurodiversité et à aborder des questions philosophiques sous-jacentes, fondamentales telles que la résonance historique de la question de l'« utilité sociale » des personnes autistes, que nous n'aurions pas abordée autrement. Nous avons voulu vous faire partager nos interrogations car, si comme l'écrivait Churchill « un peuple qui oublie son passé se condamne à le revivre », ce livre gagnera peut-être en utilité en rapportant quelques éléments sur l'histoire de la neurodiversité (donc sur son avenir !).

Kanner et Asperger, deux visions que tout oppose

Pour mieux comprendre l'importance de ce qui se joue au travers de cette histoire, reprenons le contexte depuis le début, c'est-à-dire la paternité bicéphale de l'autisme et deux visions que tout oppose. Celle de Kanner, classique, qui considère que le repli intérieur de ces enfants est une réaction psychologique face à l'incapacité de leur mère à leur donner la moindre affection, et pour qui le pronostic est extrêmement sombre. Celle d'Asperger, rigoureusement inverse, qui considère que les causes sont cérébrales et qu'une pédagogie adaptée peut conduire ces enfants à réussir brillamment dans leurs études.

Il y a donc d'un côté un pédopsychiatre américain de la Johns Hopkins University de Baltimore, Leo Kanner, né en 1894 en Galicie de parents juifs orthodoxes (son vrai prénom, Chaskel, étant une traduction yiddish pour Ézéchiel), et qui obtient une renommée internationale dès sa publication de 1943[2]. Il y décrit deux signes qu'il a observé sur une série de onze enfants : l'isolement extrême (« *extreme self-isolation* ») et le désir obsédant de préserver l'immuabilité (« *the obsessive insistence on the preservation of sameness* »).

Il n'invente pas mais se réapproprie le terme d'« autisme », créé en 1911 par le célèbre psychiatre suisse Eugene Bleuler pour désigner une des manifestations de la schizophrénie. Dans cette nouvelle appellation, Kanner détache l'autisme de la schizophrénie et met en évidence l'origine précoce de la maladie : en 1944, le terme d'« autisme infantile précoce » est créé, qui deviendra l'« autisme de Kanner ».

De l'autre côté, il y a le pédiatre autrichien Hans Asperger, né en 1906, qui reprend le département de *Heilpädagogik* (« pédagogie curative ») de la clinique pédiatrique de Vienne quelques années avant l'Anschluss, et publie ses propres travaux sur l'autisme en 1944, en l'occurrence sa thèse *La Psychopathie autistique de l'enfance*[3], en allemand, ce qui fait qu'elle passera totalement inaperçue, la première personne à avoir utilisé l'expression « syndrome d'Asperger » fut la chercheuse britannique Lorna Wing[4] dans un article publié en 1981, un an après la mort d'Asperger. Travaillant auprès des enfants depuis 1926, il compte parmi ses patients quatre petits garçons particuliers, qu'il définit comme dotés d'« un manque d'empathie, d'une faible capacité à se créer des amis, d'une conversation unidirectionnelle, d'une intense préoccupation pour un sujet particulier, et de mouvements maladroits ».

D'après certains témoignages de collègues et de proches[5], Asperger aurait pu lui-même présenter des traits du syndrome qui porte son nom : isolé, distant, fasciné par l'étrange et la mort, extrêmement doué durant l'enfance pour les langues et l'histoire, parlant de lui à la troisième personne (la pensée en troisième personne est un trait que l'on retrouve fréquemment dans le syndrome).

Asperger et Kanner ont une vision radicalement différente de l'autisme. Ainsi, si tous les deux s'accordent sur la description de certaines particularités de leurs patients (difficultés à communiquer, isolement, attitudes bizarres...), Asperger, très optimiste, considère que certains autistes sont extrêmement intelligents et peuvent développer des compétences extraordinaires à condition qu'on les stimule, tandis que Kanner est bien plus pessimiste. Pour lui, les autistes sont des êtres dénués d'émotions, d'empathie et d'intelligence, incapables de parler. De plus, tandis qu'Asperger attribue les causes à des raisons biologiques et génétiques, Kanner considère que les mères sont responsables de l'état de leur enfant en raison de leur froideur supposée ; cette vision très culpabilisante des choses sera largement développée par Bruno Bettelheim qui écrira *La Forteresse vide*, terme terrible pour qualifier ces êtres dans lesquels il ne voyait bien à tort que coquilles sans âme.

Comme il s'était beaucoup investi auprès de mouvements de jeunesse catholique, Asperger avait observé que certains des enfants ne parvenaient pas à s'intégrer au groupe et évitaient ou refusaient de participer aux jeux et activités collectifs ;

quand on les y forçait, ils semblaient très angoissés et malheureux. Reclus dans leur bulle, ils faisaient souvent l'objet des moqueries des autres. Alors que les autres les laissaient de côté, lui tentait de trouver des moyens de les intégrer. De plus, il se rendait compte que ces enfants, contrairement à tous les autres, ne cherchaient pas à imiter : loin d'être des moutons de Panurge, ils avaient spontanément une approche totalement personnelle du monde, ce qui les rendait aptes à produire des idées très originales. Outre leurs facultés exacerbées d'abstraction, certains avaient une mémoire exceptionnelle des petits détails ou étaient capables de résoudre de tête les opérations les plus compliquées. Ils avaient un langage de petit adulte, semblaient hautains, précieux et affectés, ce qui lui fera les décrire comme étant de « petits aristocrates ».

La vie en société ou même en famille leur semblait très compliquée : « Ils veulent suivre leurs propres règles, leurs propres intérêts et ne considèrent pas les demandes de leur entourage. C'est comme s'ils étaient seuls au monde, ils se comportent en étrangers, ils ne regardent pas ce qui se passe autour d'eux. » Ils semblaient incapables de faire face à de nombreux aspects pratiques de la vie quotidienne, et ignoraient de nombreuses conventions sociales ou habitudes de base telles que la toilette, l'habillage ou les repas.

Il retrouvait également chez eux une très forte sensibilité au bruit qu'ils jugeaient souvent insupportable et qui les amenait à chercher encore plus l'isolement.

C'est de cette expérience qu'Asperger s'inspirera plus tard pour développer ses travaux et sa pédagogie curative qu'il définit ainsi : « Une approche spécifique qui ne doit pas être confondue avec la rééducation, une synthèse intuitive de la pratique médicale et éducative, un outil référentiel qui s'adresse autant aux médecins qu'aux infirmières, aux enseignants, aux thérapeutes. ».

Il écrit que les prises en charge qu'il met en place s'efforcent de considérer l'enfant dans sa globalité, de valoriser ses qualités et ses compétences sociales et de lui en enseigner de nouvelles, qu'elles tendent à éviter les conduites punitives ou coercitives, à renforcer le lien au travers de l'attention bienveillante portée à chaque enfant et, surtout, qu'elles cherchent à développer les dimensions éducatives et pédagogiques appliquées à la vie quotidienne et à l'amélioration de l'autonomie. Il veut que l'institution qu'il dirige et où il accueille ces enfants devienne plus qu'un simple service hospitalier et que, animée par une équipe pluridisciplinaire, elle soit un terrain d'expériences pédagogiques, une école et un lieu de vie.

En ce sens, il est le père des méthodes actuelles utilisées de par le monde pour favoriser le développement des enfants autistes, persuadé que l'autisme n'est pas lié à un problème relationnel avec les parents, mais est d'origine héréditaire. Il fonde cette donnée sur le fait qu'il observe des traits autistiques chez les parents et notamment chez les pères (une certaine excentricité, le choix de professions intellectuelles à forte abstraction, le caractère solitaire, etc., mais avec toutefois une intensité moindre de ces traits que chez leurs enfants).

Cette approche très différente des conceptions psychanalytiques qui considèrent que les problèmes viennent exclusivement des relations précoces entre les parents et leur enfant (alors même que ces conceptions psychanalytiques prévalent très largement durant cette période à Vienne) tient sans doute à sa formation de pédiatre et non de pédopsychiatre ce qui lui vaudra le désintérêt de ces derniers.

Un médecin maudit ?

Nous avons besoin de héros et de belles histoires, sans doute parce que nous en manquons tellement… Certains sont allés jusqu'à construire une hagiographie d'Asperger qui en faisait un quasi-résistant de l'ombre ; c'est le cas de l'historien de l'autisme Adam Feinstein[6] qui, alors qu'il venait d'enquêter pour son livre *A History of Autism : Conversations with the Pioneers*, publié en 2010 et qu'on l'interrogeait sur les rumeurs de collusion avec le nazisme entourant Asperger, l'avait défendu, expliquant qu'au contraire il avait bravé la Gestapo se mettant lui-même cruellement en danger… Selon lui, le discours prohitlérien d'Asperger n'était qu'un stratagème, une ruse, pour un pédiatre qui n'avait d'autre choix dans cette époque troublée et qui se serait gravement compromis, mettant également en danger les enfants dont il avait la charge, en s'opposant ouvertement au régime nazi, célébrant Asperger comme un homme ayant sauvé des enfants des camps de concentration nazis. Un héros en somme…

Silberman, le journaliste auteur du best-seller américain *NeuroTribes*[7], expliquait presque la même chose, à savoir qu'à une époque où les nazis envoyaient massivement à la mort les enfants handicapés mentaux ou physiques comme autant de « bouches inutiles à nourrir trop coûteuses pour la nation », la position d'Asperger était plus que délicate : soit il s'opposait et risquait la destitution – voire de finir dans les camps –, soit il les défendait au travers de la seule idée qui aurait pu convaincre les nazis de leur utilité, à savoir leurs capacités intellectuelles supérieures qui seraient utiles au régime, notamment pour décrypter les codes de l'ennemi.

Et Silberman affirme de façon quelque peu angélique que même si Asperger loua Hitler dans l'une de ses allocutions, il aurait cherché par de nombreux moyens à éviter l'abandon de ses petits patients dont le triste sort aurait été normalement, sans son intervention, de finir comme tous les enfants de leur condition dans les crématoires, après avoir subi ce que les médecins nazis nommaient l'« assistance médicale terminale », c'est-à-dire l'injection d'acide, la mort par le froid (les laissant dehors par – 10 degrés) ou par la famine, ou le gazage. Il se trouvait donc dans ce que Silberman nomme la « zone grise » ; ni opposant ou résistant, ni collaborateur actif du plan d'euthanasie nazi. Nous allons voir que lui aussi, malheureusement, se trompe…

Car, derrière l'image de médecin chaleureux et de pédagogue optimiste et affectueux envers les enfants qui lui avaient été confiés qu'Asperger et beaucoup de ses biographes bienveillants ont promue, se dresse un autre portrait, nettement plus glaçant.

« Morts miséricordieuses » pour enfants « inéducables »

Résumons le contexte et certains des faits qui illustrent de façon crue le mode de fonctionnement du docteur Hans Asperger : en 1941, les autorités nazies découvrent que les enfants de l'hôpital psychiatrique de Gugging, situé dans la périphérie de Vienne, n'allaient pas à l'école, ce qui leur sembla anormal et ils décidèrent d'enquêter à ce sujet. La préoccupation des nazis n'était évidemment pas de s'inquiéter du manque d'assiduité scolaire des enfants ou de leurs lacunes en lecture et en calcul, mais d'évaluer leur « éducabilité », l'euphémisme mortifère qui était utilisé par l'administration de Hitler pour déterminer la capacité qu'auraient ces enfants, à terme, à contribuer ou non à l'effort de guerre, dans une période où il ne faut pas oublier que la main-d'œuvre, y compris la moins qualifiée, devenait une denrée rare pour les usines et les armées. Ils avaient donc une raison tout à fait univoque de s'intéresser aux enfants hospitalisés : faire le tri, comme sur le quai du train à Auschwitz, entre, d'une part, ceux à épargner au moins temporairement car potentiellement rentables et, d'autre part, ceux à éliminer immédiatement car « inutiles » et coûteux. Autrement dit, un enfant ayant un trouble psychique ou un retard mental suffisamment modéré pour être compatible avec de menus travaux ou pour servir de chair à canon au front devait absolument survivre car l'éliminer aurait été un « gâchis », contrairement à ceux qui, plus malades (*bildungsunfähig* ou « inéducable », mot synonyme d'« euthanasie »), ne pourraient vraisemblablement jamais se soumettre à une quelconque forme de productivité. Même les Jeunesses hitlériennes avaient des unités spéciales pour les aveugles et les sourds. La ligne tracée par les nazis était d'une logique terrifiante : le coût du soutien éducatif et médical apporté à un enfant ne devait pas dépasser l'ultime contribution matérielle de cet enfant à l'État.

Et qui mieux placé qu'un pédiatre, en l'occurrence le grand spécialiste des maladies mentales de l'enfant à Vienne, l'éminent docteur Hans Asperger, pour trier ces enfants. Et de fait Asperger a été invité comme unique expert médical pour décider seul du sort de ces 220 enfants ; parmi eux, il en a jugé 35 « inéducables ». Les enfants évalués comme « non éducables » devaient être confiés immédiatement au docteur

Ewin Jekelius, le médecin nazi qui s'occupait de l'opération « T4 » (c'est-à-dire l'assassinat des malades mentaux) à Vienne et qui était par ailleurs le fiancé de la jeune sœur de Hitler. Les petits patients étaient transférés à Spiegelgrund où l'on « euthanasiait » les enfants souffrant de troubles psychiques. Spiegelgrund fut fondé en juillet 1940 dans les locaux de l'hôpital psychiatrique Steinhof de Vienne. Dans ce centre, 800 enfants dépourvus de « pureté raciale » et d'« intérêt héréditaire » furent tués notamment par empoisonnement.

Asperger ignorait-il la réalité des assassinats d'enfants à Spiegelgrund et le sort horrible réservé à ces enfants – dont certains étaient encore tout petits ? Il est absolument certain qu'Asperger savait, il ne pouvait pas ne pas savoir. D'une part, il était le collègue de longue date d'Erwin Jekelius (qui avait été l'assistant du mentor d'Asperger, Franz Hamburger de sinistre mémoire) et était proche des personnels soignants de la structure. De surcroît, les médecins de la structure pédiatrique dont s'occupait Asperger lui-même n'étaient pas seulement au courant de ce qui se passait à Spiegelgrund, ils profitaient opportunément des meurtres d'enfants qui s'y pratiquaient, puisque cela leur permettait un accès *post-mortem* aux résultats d'expériences médicales qu'ils avaient effectuées sur leurs petits pensionnaires préalablement à leur transfert, en l'occurrence la recherche d'un vaccin antituberculeux.

La population civile elle-même savait, puisque, au-delà de simples rumeurs, on pouvait voir des proches de patients organiser des manifestations devant l'hôpital psychiatrique de Steinhof. Même à l'étranger on savait : en 1941, la Royal Air Force larguait des tracts dénonçant Spiegelgrund dans le cadre du meurtre de masse de patients.

Asperger avait-il le choix ? Ne risquait-il pas d'être jugé comme traître s'il désobéissait en refusant d'envoyer les enfants « inéducables » à Spiegelgrund ? Asperger n'était pas dans l'obligation d'envoyer ces enfants directement à l'usine de mise à mort, même s'ils souffraient de graves handicaps. Il pouvait, sans aucun risque pour lui-même, au moins gagner du temps, leur laisser une chance d'évolution, ou les transférer ailleurs. C'est ce qu'il a fait dans un certain nombre d'autres cas, ce qui tend à prouver qu'il avait le choix et qu'il a sciemment choisi d'envoyer certains enfants à l'extermination.

Il y a, par exemple, un rapport de la main d'Asperger daté de 1941 adressé à l'administration du Spiegelgrund, portant sur l'évaluation médicale qu'il venait de mener sur une petite fille nommée Herta, âgée de 2 ans. Herta avait été malade tout le printemps et sa mère l'avait amené pour qu'elle soit vue par Asperger à sa clinique et son état indiquait des lésions cérébrales graves : crises d'épilepsie, stagnation du développement psychomoteur, troubles du comportement… Voici ce qu'écrit Asperger sur Herta : « À la maison, l'enfant doit être un fardeau insupportable pour la mère, qui doit s'occuper de cinq enfants en bonne santé. Un placement permanent à Spiegelgrund semble absolument nécessaire. »

La petite Herta fut donc admise à Spiegelgrund et, quelque temps plus tard, le lendemain de son troisième anniversaire, elle meurt (dans son dossier, il est écrit qu'elle est décédée d'une « pneumonie », la cause la plus régulièrement invoquée de décès à Spiegelgrund, synonyme d'« euthanasie » que les nazis infligeaient aux « vies indignes » dans le cadre du programme de mesures d'hygiène raciale, en réalité des assassinats par empoisonnement aux barbituriques). Elisabeth, une autre petite fille transférée par Asperger à Spiegelgrund y meurt dans des conditions similaires à celles de Herta ; son infirmière a écrit dans son dossier qu'elle était gentille et affectueuse, mais qu'elle ne prononçait qu'un seul mot : « Maman ». Elle mourut de la même façon que Herta, d'une prétendue pneumonie.

« Nous serons en mesure de faire en sorte qu'au moins une partie d'entre eux ne soit pas un fardeau »…

On peut avoir le sentiment en lisant les rapports médicaux qu'Asperger ressentait de l'empathie pour les mères de ses enfants et que finalement proposer l'euthanasie pour des enfants très malades (Herta par exemple souffrait selon lui et vraisemblablement d'encéphalite) était une forme de compassion. Mais cette explication, si elle est peut-être vraie, n'est vraisemblablement ni l'unique ni la principale motivation de ce choix. Car Asperger nous a laissé des écrits qui témoignent du sens de son engagement professionnel ; dans un article de 1941, il définissait la relation entre son propre credo professionnel et le programme pédagogique de l'État nazi en des termes très explicites : « Notre époque a apporté des changements révolutionnaires dans le domaine de l'éducation : alors qu'autrefois un certain nombre d'orientations philosophiques, politiques et religieuses stipulaient leurs objectifs pédagogiques et étaient par conséquent en concurrence les unes avec les autres, le national-socialisme a établi son objectif pédagogique et exige que ce soit le seul valide. Ce but unique, c'est l'intégration dans l'État national-socialiste. »

Et, pour souligner la validité de l'approche, il écrit non sans fierté : « D'innombrables rapports et visites, ainsi que des lettres du front, des visites de soldats, nous savons combien de nos anciens enfants, y compris des cas très difficiles, remplissent entièrement leurs devoirs dans leurs professions, dans les forces armées, et dans le Parti nazi, certains mêmes dans des positions éminentes. C'est ainsi que nous mesurons le succès de notre travail et que nous savons qu'il en vaut la peine. »

Certains auteurs soutiennent que si Asperger mettait l'accent sur les enfants de ce que l'on appelle l'extrémité « haute » du spectre autistique, c'était une tactique pour protéger tous les enfants ayant des traits autistiques légers des mesures d'hygiène raciale. Malheureusement, ici encore, cette théorie ne correspond pas à ce qu'il a écrit sur le sens profond de son engagement qui est de ne pas laisser de « fardeau » : « La question est la suivante : la tâche de prendre soin d'individus anormaux intellectuellement vaut-elle notre plein engagement ? [...] Si nous prenons soin de ces personnes avec un engagement douloureux et en étant prêts à faire des sacrifices, nous serons en mesure de faire en sorte qu'au moins une partie d'entre eux ne soit pas un fardeau ou un danger pour la communauté nationale, mais au contraire, ses membres productifs. »

Parmi les autres documents compromettants et qui témoignent de l'attrait d'Asperger pour certains idéaux nazis, on trouve entre autres une candidature à l'Association nazie des docteurs (dont l'une des finalités était la fermeture des cabinets des médecins juifs), ainsi qu'une autre candidature pour être conseiller médical à la section viennoise des Jeunesses hitlériennes.

Ainsi, Asperger a fait bien plus que légitimer publiquement les politiques d'hygiène raciale, y compris les stérilisations forcées, ce que nous savions déjà par les travaux antérieurs, mais que nous avions considéré, comme le suggéraient les historiens précédemment cités, comme étant possiblement une stratégie masquée destinée à pérenniser son institution, toutefois nous ne savions pas qu'outre le fait de s'adapter au régime nazi, il avait été récompensé avec des perspectives de carrière obtenues pour ses manifestations de loyauté, au point, après l'annexion de l'Autriche par les nazis en mars 1938, de s'être d'ailleurs mis à signer tous ses rapports médicaux avec la formule « *Heil Hitler* ». Si nous forcions le déni, nous pourrions y voir une marque d'humour et de dérision d'un homme méprisant suffisamment la bêtise des nazis pour avoir le courage de les narguer par le sarcasme, allant jusqu'à y admirer une forme de courage et de résistance par la dérision. Hélas, ce n'était pas le cas et il n'était pas obligé…

Les enfants victimes d'abus sexuels « manquent de sens moral »

Par ailleurs, Asperger ne témoignait pas beaucoup d'empathie pour les enfants qui subissaient des abus sexuels ; il semblait même convaincu qu'ils partageaient une « disposition constitutionnelle commune » et certains traits de caractère tels que l'« effronterie », les amenant à « attirer » de telles expériences, tandis que les enfants ayant des « forces défensives naturelles » devaient être capables de les « rejeter ». Car, selon ses termes, une « personnalité saine » devrait être capable de « dépasser même les violences sexuelles ».

Dans son manuel, les seuls exemples offerts à ce sujet sont des cas où l'abus était présenté comme une fabrication de l'enfant, renforçant l'impression que les victimes étaient toujours à blâmer, soit parce qu'elles fantasmaient, soit parce qu'elles mentaient, soit parce qu'elles avaient « provoqué » les actes en raison de leur « prédisposition constitutionnelle ».

Ainsi, Edith, 15 ans, avait été admise dans son service en 1941 parce qu'elle avait été agressée sexuellement par un homme de 40 ans. Dans son rapport, Asperger déplorait qu'elle ait manqué de « sens moral » et n'ait montré aucun « remords » sur ce qui s'était passé. Pour la punir, il l'a placée de force à Spiegelgrund non seulement à cause de sa « grave dépravation sexuelle », mais aussi à cause du « danger moral » qu'elle aurait représenté pour son environnement. Pourtant, même selon Jekelius, qui était tout sauf un humaniste, Edith était une adolescente « amicale, serviable et sensible ».

Enfin, comme beaucoup de ses collègues, Asperger avait une tendance marquée à séparer les enfants de leurs familles – qu'il considérait souvent comme dysfonctionnelles – et à les diriger vers des institutions fermées. Trop souvent, cependant, il semble qu'Asperger préféra l'environnement d'une institution au foyer des parents qu'il considérait comme névrosés, incapables ou simplement trop « faibles » pour s'occuper de leur enfant.

Débaptiser le syndrome d'Asperger ?

Alors, que faire du cas Hans Asperger ? Un point qui ne nous semble pas être un détail : Czech publie les résultats de ses recherches dans l'une des prestigieuses revues scientifiques sur l'autisme (*Molecular Autism Brain, Cognition and Behavior*) et non pas dans une revue spécialisée d'histoire. Cela signifie qu'il s'adresse à la communauté médicale, et donc par l'intermédiaire des psychiatres qui vont le lire, aux patients porteurs d'un diagnostic « syndrome d'Asperger », lesquels pourraient tout à fait légitimement exiger que le nom d'un médecin aux convictions nazies ne soit associé à leur propre nom sur leur dossier médical. On comprend bien que personne ne souhaiterait souffrir du « syndrome de Mengele » (qui Dieu merci n'existe pas), ce dernier, à la différence d'Asperger, n'ayant eu d'une part aucun génie clinique et d'autre part l'ayant largement surpassé dans le gradient de l'horreur nazie.

Dire si Asperger se situait plutôt du côté du gris clair ou gris foncé de ce gradient ne nous appartient pas. Certains insisteront sur le fait qu'il faut remettre les choses dans le contexte national mais aussi international de l'époque, qui n'était pas tendre, tant s'en faut, avec les personnes souffrant de troubles psychiques. Ils rappellent que les États-Unis ont été le premier pays à mettre en place un programme eugéniste officiel avec la stérilisation contrainte de plus de 64 000 personnes des années 1900 aux années 1970[8] (avec, de fait, la bénédiction de Leo Kanner, le codécouvreur de l'autisme[9]) tandis que Foster Kennedy, président de la très officielle American Neurologic Association, préconisait en 1941 un programme d'euthanasie américain à l'image de celui nazis[10] et qu'en Angleterre Winston Churchill approuvait la loi de 1913 sur la « déficience mentale », exigeant que tous les « imbéciles » soient envoyés dans des camps de travail. Mais même en remettant les choses dans leur contexte, plus de doute possible, l'image lisse d'un Hans Asperger pédiatre bienveillant dévoué à la cause de ses petits patients ayant simplement fait le dos rond durant la période nazie pour permettre à ses petits protégés de survivre dans l'îlot de bien-être pédagogique de sa clinique ne tient plus. Il était séduit par la doctrine nazie et convaincu qu'un petit malade ne méritait de vivre que dans la mesure où il pourrait contribuer, par ses compétences et ses habiletés intellectuelles hors normes, à servir la société. Ainsi, nous comprenons que Wikipedia[11] ait relégué le syndrome d'Asperger dans la liste des éponymes médicaux « maudits » (on trouve dans cette liste une dizaine de médecins nazis ayant laissé leur nom à une maladie comme le syndrome de Reiter ou la granulomatose de Wegener) suggérant de le rebaptiser « autisme de haut niveau » afin de ne pas lui rendre l'honneur de l'immortalité. Utah Frith, neuropsychologue de renommée mondiale, récemment interviewée sur le sujet[12] disait : « Il est très attristant qu'il [Asperger] semble avoir été un complice volontaire du programme d'euthanasie nazi. […] Le terme *syndrome d'Asperger* ne fait pas partie des systèmes de diagnostic les plus récents, pour des raisons scientifiques, mais il appartiendra à la communauté autiste de décider si elle doit rester en usage. » Dans le même article du *Guardian*, Sahil Singh Gujral, chercheur sur l'histoire de l'autisme à Oxford, et lui-même ouvertement autiste, complétait très justement : « La véritable leçon de l'étude de Herwig Czech, semble-t-il, n'est pas qu'Asperger était un monstre – même s'il l'était –, mais que nous devons comprendre son erreur idéologique et que nous ne devons jamais la répéter. Asperger a associé l'autisme à la capacité à être intellectuellement brillant. Mais même quand ce n'est pas le cas, même quand un handicap n'entraîne pas une telle chose, la vie de la personne handicapée – sa sécurité, sa liberté, son potentiel individuel – ne devient pas pour autant un déchet sans valeur. »

Utopie et neurodiversité : attention danger !

En effet, au-delà du pourquoi et du comment de la neurodiversité telle que nous avons pu l'aborder dans ce livre, quel est le sens que nous pouvons donner au fait de mieux la faire connaître ? Qu'est-ce que cela change finalement d'être « neurodifférent » ? Au fond, nous aspirons tous, « neurotypiques » et « neurodivers », à la même chose, c'est-à-dire au bonheur, et nos aspirations individuelles (tendresse, attention, compréhension, amour, sécurité, connaissance, culture, tranquillité, besoin de reconnaissance, etc.) sont universelles et transcendent nos divergences neurocognitives et neurosensorielles.

L'utopie de la neurodiversité, comme « source de cerveaux hyperefficients » comparativement à ceux des pauvres neurotypiques bien incapables de décrypter le moindre code hexadécimal de tête est un piège ! Car cette vision de la neurodiversité « boosteur » de développement technologique et économique – sur le mode « célébrons les autistes, cracks du *deep learning* et virtuoses de la Silicon Valley qui vont sauver notre vieille société moribonde » – se rapproche de cette vision d'une société utilitariste qui ne nous concéderait de la valeur à titre individuel qu'à la condition expresse que nos performances dans certains domaines pallient nos défaillances et nos vulnérabilités dans d'autres et nous rendent « socialement utiles ». C'est le même visage de l'utilité sociale prioritaire par rapport au bien-être individuel. Que deviennent dans ce cas les autres, les autistes qui ne sont pas à « haut potentiel », qui n'ont pas de compétence particulière ? Ont-ils le droit d'exister et sont-ils dignes d'*autant* d'intérêt, d'attention et de soins ?

La double exigence que nous imposons aux enfants et aux adolescents autistes de réussite scolaire – comme si devait peser sur leurs frêles épaules l'impératif moral d'avoir à « compenser » leurs « déficits » – et d'intégration sociale – comme si savoir draguer et papoter superficiellement du dernier ragot était une fin en soi –, parfois sans réfléchir aux implications sous-jacentes (coût émotionnel, surcharge sensorielle, pathologies liées au stress…) de ce que nous jugeons être un bien souverain pour eux, à savoir l'« autonomie », c'est-à-dire essentiellement gagner sa vie et savoir vivre seul. Comme si une vie non autonome n'était pas une vie en valant vraiment la peine… En effet, en matière de jugement social, lors des dîners en ville, il est plus facile de dire au sujet de son ado autiste, qui encore une fois n'a pas voulu sortir : « Il code nuit et jour pour monter sa start-up » que : « Il ne supporte pas la surcharge sensorielle et a besoin de s'isoler. »

Le chemin de l'acceptation et de la valorisation de la neurodiversité est encore long et semé d'embûches. Il pourrait selon nous se définir comme une éthique centrée sur la priorité absolue donnée à l'épanouissement de l'individu, quelles que soient ses aptitudes intellectuelles, physiques, sociales ou économiques. Cela implique de ne pas chercher à définir les personnalités « atypiques » seulement par rapport à leurs talents fascinants (cette idée terriblement subversive à laquelle en écrivant ce livre nous n'avions pas même réalisé que nous adhérions implicitement), mais sans jamais négliger l'attention aux valeurs et aux idéaux qui les habitent ; la « revanche des autistes » en tant qu'êtres humains « plus performants » dans les domaines informatiques, artistiques, philosophiques ou logico-mathématiques n'est qu'une bien triste revanche solitaire. Imaginez que vous soyez la première fortune au monde, l'inventeur génial du plus grand réseau social au monde, cela ne vous empêcherait pas de vous retrouver tout seul, maladroit et humilié, face à une commission d'enquête vous interrogeant sur les raisons qui vous ont poussé à vendre les données personnelles de centaines de millions de citoyens, à leur insu, à une société ayant contribué à faire élire l'homme le plus puissant du monde (et dont beaucoup s'interrogent sur les capacités à occuper son poste) !

Une éthique de la neurodiversité

Une véritable éthique de la neurodiversité doit solliciter notre compréhension sans jugement, notre compassion sans condescendance, ce qui signifie concrètement que nous devons être suffisamment forts pour être capables de nous confronter sans peur à l'inattendu, à l'insolite, au bizarre, à tout ce qui est différent, en utilisant les outils puissants que sont la fraternité, l'humour, la tendresse, tout ce qui fait cette solidarité du vivant sans laquelle aucun d'entre nous n'aurait survécu à ses premières heures de vie. Les autistes, les atypiques, les « neurodivers », les baleines à bosse, quels que soient les noms dont on veut les affubler, n'ont besoin ni de notre admiration pour leurs talents irremplaçables, ni de notre pitié pour leur fragilité ; ils ont besoin de notre compréhension, de notre amour, de notre générosité, de notre aide et de notre gentillesse (ce mot que l'on a trop abandonné aux cyniques est pourtant l'un des plus beaux du vocabulaire français). Car leur cerveau est façonné à partir des mêmes ingrédients, des mêmes cellules vivantes, leur esprit habité des mêmes émotions et des mêmes aspirations. Et la légère différence de recette – un secret de chef – n'est ni une monstruosité, ni une défectuosité, ni une maladie. Le psychisme des personnes neurodiverses nous montre, comme dans le miroir le plus pur, qui nous sommes lorsque nous sommes sans le filtre opaque du jugement social – cet équivalent du cadran qui empêche de voir l'intérieur du mécanisme de la montre et qui masque si bien les intentions et les pensées secrètes des neurotypiques. Invitons-les à nous rejoindre partout – y compris dans le monde de l'entreprise, dans les institutions politiques, oui, partout – avec l'élan et l'enthousiasme qui leur sont dus. Ils ont du mal avec la réciprocité sociale ? Magnifique, soyons deux fois plus réciproques pour eux, ils le rendront plus tard à la façon si discrète qui est la leur ! Ils ne savent pas comment interpréter le sens implicite ? Eh bien, départons-nous de nos semi-vérités et de nos duplicités et rafraîchissons-nous à l'eau limpide de leur simplicité et de leur honnêteté (ceux – famille, amis, professionnels du soin – qui travaillent avec les personnes autistes de haut niveau savent quel bien cela fait !). Ils sont les planètes rares et précieuses qui, perdues au milieu d'une nuée d'étoiles neurotypiques qui éclairent faiblement, rendent notre voûte céleste bien plus magnétique.

Cessons de leur demander de nous imiter, faisons le contraire, essayons de vivre ce qu'ils vivent, de ressentir comme ils ressentent, nous comprendrons mieux le malaise qui est le leur et qui commence dès l'école où ils ne manquent pas de se faire harceler et de se heurter aux humiliations de leurs pairs et encore trop souvent au mépris des enseignants.

Une société vivante doit être inclusive ; une société qui n'inclut pas la différence, qui n'en est pas fière et ne la revendique pas est une société morte, une société momifiée destinée à sa propre ruine.

TROISIÈME PARTIE

Comment aider les caméléons sociaux

« Ne marche pas devant moi, je ne suivrai peut-être pas. Ne marche pas derrière moi, je ne te guiderai peut-être pas. Marche juste à côté de moi et sois mon ami. »

Albert CAMUS, *Les Justes*.

CHAPITRE 8

Quelques pistes pour aller mieux

Plusieurs dispositifs d'aide peuvent être proposés aux personnes ayant un trouble du spectre autistique. Le médecin psychiatre spécialiste de ce type de trouble est un professionnel central qui aide et guide la famille et le patient dans le choix des aides à apporter. Ce choix sera fonction de divers paramètres parmi lesquels le degré de handicap et la gêne fonctionnelle que celui-ci occasionne au quotidien. Certes, les personnes autistes ont un style de fonctionnement bien à elles, mais reconnaissons qu'il n'est pas toujours aisé de se mouvoir dans un monde de neurotypiques. Un petit coup de main de temps en temps n'est pas en contradiction avec l'idée de respecter les particularités.

Les psychologues spécialisés ont une connaissance des troubles qui permet d'établir des programmes spécifiques[1]. De nombreux praticiens proposent de rédiger des programmes éducatifs individualisés qui sont constitués d'exercices, d'attitudes et de conseils spécifiques adaptés à chaque personne, en fonction de ses troubles mais également de ses goûts pour les jeux, les objets, les lectures, les divertissements, etc.

Il est maintenant communément admis que les enfants Asperger doivent pouvoir bénéficier d'une scolarité en rapport avec leurs aptitudes cognitives. Mais, même si l'intelligence de ces enfants est normale, voire supérieure dans certains domaines, les particularités inhérentes au trouble[2] peuvent nécessiter la mise en place d'un accompagnement et des aménagements spécifiques afin que les acquisitions se fassent pour le mieux.

Les thérapies

Pour les enfants, les thérapies basées sur les approches comportementales (TEACCH[3], ABA[4], etc.) ont montré une efficacité importante ; plus elles sont débutées tôt plus elles sont efficaces. D'autres thérapies à l'adolescence et à l'âge adulte ont également montré leur utilité (groupes d'habiletés sociales, thérapies comportementales et cognitives, remédiation cognitive, etc.). Ces approches doivent inclure la famille (au sens large du terme, il peut s'agir d'un[e] compagnon[agne]) et nécessitent une formation d'au moins un proche ; une guidance familiale est toujours très précieuse pour les plus jeunes.

L'entraînement aux habiletés sociales

L'objectif des groupes d'entraînement aux habiletés sociales est de développer les compétences sociales mal maîtrisées par les personnes du spectre autistique en leur proposant des conduites à tenir face à des situations rencontrées dans leur vie quotidienne. Il s'agit de faire face à des situations fréquentes (demandes, refus, critiques, conversations, moqueries, etc.) qui vont être travaillées en fonction de l'âge (enfants, adolescents, adultes).

Le but de ces groupes vise à sortir les personnes de leur isolement et de leur permettre de créer des liens sociaux avec leurs pairs mais également au sein de leur propre famille. Il s'agit de modifier leur manque de savoir-faire social et de leur faire prendre conscience des conséquences de leurs comportements pour améliorer leurs relations et par là même leur confiance en eux.

Les groupes sont constitués de manière homogène c'est-à-dire que les patients sont regroupés en fonction de leur classe pour les enfants et les adolescents et en fonction de leur âge pour les adultes. Ils s'adressent à des personnes qui fonctionnent avec un niveau cognitif égal ou supérieur à la moyenne et sont donc tout à fait adaptés aux personnes présentant un syndrome d'Asperger/autisme de haut niveau.

Cette intervention thérapeutique est basée sur l'utilisation de scénarios sociaux qui décrivent des situations présentant des difficultés pour les patients. On les aide alors à repérer les indices pertinents pour comprendre la situation et on leur propose des solutions adaptées en fonction du contexte et de l'âge. Le but est de maintenir des relations sociales de bonne qualité avec leurs pairs mais également avec leur entourage éducatif et familial.

Les domaines d'application des scénarios sociaux tournent autour des instructions sociales, des liens d'amitié, des routines scolaires et des difficultés d'adaptation. Les thèmes sont divers et variés, mais le thème principal souvent traité en premier est

celui de l'utilisation des règles de conversation en situation de groupe. Ce sont principalement les situations de vie scolaire qui sont utilisées avec les plus jeunes car elles constituent le lieu de vie sociale, par excellence, des enfants.
L'objectif de l'entraînement aux habiletés sociales est d'identifier les indices pertinents d'une situation sociale donnée, mais également de proposer des informations adaptées à la personne avec un trouble de la communication sociale et de la préparer à mieux vivre de nouvelles situations.
Il s'agit également d'aider le patient à prendre conscience de ses réactions émotionnelles dans les différentes situations afin de trouver d'autres solutions dans le cas où sa réponse émotionnelle engendre des difficultés. D'autres réponses seront apportées, et la personne sera encouragée à mémoriser ces nouvelles solutions pour les situations futures qu'elle pourrait rencontrer.

Voici un petit exemple de description d'un scénario social.

Saluer les autres

- Saluer les autres, c'est leur dire : « Bonjour », « Salut », « Allô », « Ça va ? », sourire, faire un signe de tête ou serrer la main de quelqu'un.
- Pourquoi ? Je montre que je m'intéresse à l'autre, je me rends sympathique, je suis poli.
- Quand ? Lorsque je vois une personne pour la première fois dans une journée.
- Comment ? Je m'approche de la personne, je la regarde dans les yeux, je fais un sourire (il est nécessaire de mettre en situation les personnes et de leur faire jouer différentes scènes en imaginant être dans la cour de récréation, dans la rue, à la boulangerie etc.).

- Qui dois-je saluer ?
- Mes parents le matin, mes frères et sœurs (attention, les familles ne se saluent pas toutes de la même manière : certains parents acceptent que leurs enfants leur disent « salut », d'autres non et exigent un « bonjour ». Il est donc nécessaire de bien respecter les règles de chaque famille).
- Mes enseignants, en prêtant attention à ne pas utiliser un langage familier, mes collègues de travail ou mon patron.
- Mes copains en prêtant attention au contraire à ne pas utiliser un langage soutenu, etc.
- Attention, je ne peux pas saluer tout le monde (les inconnus dans la rue, les enfants que je ne côtoie pas à l'école, etc.).

Ce scénario n'est pas exhaustif dans sa réalisation, il vise juste à faire comprendre le principe de ce type de prise en charge[5]. Les thèmes qui sont abordés sont ainsi très diversifiés et nombreux et dépendent des besoins de patients et de leurs attentes.

Les aménagements de l'environnement

Ce sont des mesures fondamentales : pour les personnes du spectre autistique qui mènent leurs études ou travaillent, il est fondamental d'aménager le poste de travail, notamment avec réduction du bruit dans le lieu de travail, possibilité de longs temps calmes et d'isolement quand le stress social est trop élevé, obtention d'un tiers-temps supplémentaire pour les examens, etc. La demande de reconnaissance du handicap (MDPH) est une démarche souvent difficile et douloureuse, certains patients la refusant de principe par peur d'être stigmatisés, mais elle est souvent indispensable pour obtenir les aménagements précités.

La structuration du temps et de l'espace

Les personnes qui présentent un trouble du spectre autistique ont souvent de grandes difficultés à se repérer dans le temps et dans l'espace. Cette fragilité conduit souvent au développement d'une forte anxiété face aux changements et aux transitions avec une difficulté à supporter les passages d'une activité à une autre. Il est donc nécessaire de structurer l'environnement avec l'utilisation d'un emploi du temps, qui peut être étendu à l'ensemble des actions qui régissent une journée. Cet emploi du temps peut évoluer au fur et à mesure que l'enfant comprend de mieux en mieux les différents moments de sa journée. Tandis que chez les très jeunes enfants, l'utilisation des emplois du temps visuels (avec des photos) est recommandée, chez les plus âgés, un emploi du temps écrit leur évite d'oublier des rendez-vous ou de s'inquiéter de ce qui va advenir au cours de la journée.

Les adultes sont aussi concernés et peuvent également se plaindre de difficultés d'organisation. Ils peinent à arriver à l'heure au travail, anticipent mal les échéances et se retrouvent acculés à des dates limites de dépôt de papiers importants. Les impôts font souvent les frais de ces problématiques de gestion du temps. Il existe pourtant des outils tout à fait adaptés. Peut-être avez-vous entendu parler du *Bullet Journal* inventé par Ryder Caroll, un designer new-yorkais ? Il s'agit d'une sorte d'agenda amélioré et surtout personnalisable qui permet à chacun d'organiser son temps, ses rendez-vous, ses tâches, en fonction de sa vie sans utiliser l'agenda tout fait du commerce qui ne convient pas à tout le monde. Si vous cherchez des informations sur ce système, Internet est une mine d'or d'explications. De nombreux blogs rivalisent d'ingéniosité et de talents artistiques pour décorer et adapter son « Bujo ».

La gestion des durées peut également être problématique et les enfants apprécient l'utilisation des *time-timers* (sorte d'horloge qui indique de manière visuelle le temps qu'il reste à s'écouler), ou celle des chronomètres ou des montres pour les plus âgés.

Cette structuration du temps ne doit pas empêcher des changements d'intervenir, au contraire, mais il est préférable de prévenir l'enfant et de lui montrer sur l'emploi du temps où ils interviennent et quand la journée pourra reprendre comme prévu.

Ces aménagements rendent prévisibles la journée et évitent le développement d'une anxiété face à l'inconnu. Ils préviennent les troubles du comportement qui pourraient en découler comme les fortes colères ou les crises de larmes inconsolables. Chez L'adulte, il n'est pas rare d'observer des comportements socialement étranges qui témoignent en fait d'une tentative d'adaptation à un nouvel emploi du temps. Les employeurs peuvent avoir des difficultés à comprendre qu'une personne ne puisse pas facilement déplacer ses rendez-vous sans ressentir une forte anxiété.

Préserver un environnement calme

On l'a vu aussi, les stimulations environnementales peuvent être une source importante de stress. Or il n'est pas toujours facile, voire possible, de maintenir en permanence un environnement calme. Les personnes du spectre autistique doivent donc faire régulièrement un important effort pour supporter les stimulations multiples et variées de la journée. Cet effort implique une grande fatigue cognitive et ce d'autant plus qu'elles sont confrontées à un environnement sollicitant. C'est le cas des enfants scolarisés qui font l'expérience de la cour de récréation ou des personnes qui prennent les transports en commun. Il peut être donc nécessaire de laisser les enfants se reposer dans un environnement calme et leur permettre ainsi de récupérer.

Certaines personnes apprécient d'écouter de la musique plutôt que de rester dans un calme absolu. D'autres au contraire ont besoin de porter un casque qui filtre les bruits même en dehors de chez elles car la stimulation est trop forte.

Les surstimulations sont également observées sur d'autres sens comme le goût, l'odorat ou le toucher. Ainsi, certains aliments ne peuvent être tolérés de par leur texture ou leur couleur. Il est possible d'intégrer de nouveaux aliments en effectuant une procédure d'habituation progressive, mais certains resteront inaccessibles, et il vaut alors mieux faire le choix de les abandonner pour ne pas générer un stress inutile à table. Il peut être également nécessaire de respecter le fait que ces aliments ne se touchent pas dans l'assiette.

Les médicaments

Il n'y a aucun médicament permettant de traiter la cause des troubles du spectre autistique, à savoir les modifications neurodéveloppementales, mais, comme nous l'avons rapporté, des données préliminaires montrent l'intérêt potentiel de l'ocytocine et d'un diurétique (le Burinex®) pour améliorer les comportements sociaux. Nous ne recommandons pas leur utilisation à ce stade en dehors de protocoles de recherche car nous manquons de recul et leur utilisation à grande échelle n'est pas autorisée en France.

Les troubles du sommeil sont fréquents avec une tendance à s'endormir très tardivement avec un décalage des rythmes veille/sommeil qui peut vite devenir problématique, en particulier chez les adolescents. Les mesures simples d'hygiène de sommeil (éviter les écrans le soir, se réveiller à horaire régulier tous les jours de la semaine, etc.) ne sont pas toujours suffisantes. Plutôt que d'utiliser les hypnotiques qui entraînent des problèmes de dépendance, nous recommandons vivement l'utilisation de la mélatonine qui est une hormone naturelle en vente libre (en commençant avec 2 milligrammes vers 22 heures et en augmentant si besoin jusqu'à 6 milligrammes).

Les antidépresseurs, les régulateurs de l'humeur et plus rarement les antipsychotiques à faible dose (car ils sont souvent mal tolérés par les personnes du spectre autistique) peuvent avoir une utilité temporaire pour traiter les conséquences telles que la dépression et les troubles anxieux ou les troubles associés (schizophrénie, troubles bipolaires), au même titre que la Ritaline® et ses dérivés lorsqu'un trouble hyperactivité avec déficit attentionnel est associé (ce qui est fréquent dans ce dernier cas, rappelons-le). Quand ils sont utilisés, l'efficacité de ces traitements doit être réévaluée régulièrement en termes d'effets secondaires et de balance bénéfice/risque.

Dans les chapitres qui suivent, nous allons approfondir la question des relations sociales et vous proposer quelques clés de décryptage qui pourraient vous être bien utiles !

Le langage secret de la communication sociale

La base de l'apprentissage des règles de la communication sociale est l'imitation. La communication sociale répond à des règles et ne s'improvise pas : si vous voulez apprendre à conduire, il va falloir apprendre le code de la route. C'est la même chose pour les règles sociales. Si vous voulez apprendre, commencez par apprendre à observer comment font les autres, et surtout leur communication non verbale (mimiques du visage, gestes, sourires, distance entre les personnes). À force d'observer, vous finirez par comprendre les mécanismes et par les reproduire. Au départ vous conduirez mal, vous ferez quelques erreurs, mais ce n'est pas bien grave, vous ne risquez pas d'écraser quelqu'un !

À la question fondamentale : « Faut-il se conformer aux règles sociales ? », notre réponse sera simple, c'est à vous de choisir, personne ne peut répondre à votre place et cela dépend de vos objectifs. Si par exemple vous allez vivre seul dans la forêt, votre intérêt à respecter ces conventions sera nettement moins utile que si vous décidez de vouloir décrocher un nouveau job en passant des entretiens d'embauche. Nous vous donnons simplement un mode d'emploi qui vous permettra, le moment venu et dans certaines situations, de vous adapter. C'est comme apprendre une langue étrangère : une fois qu'on la connaît on est libre ou pas de l'utiliser.

Vous avez l'heure ? Oui !

La notion de *pragmatique du langage* est très importante pour la compréhension des difficultés des personnes avec un trouble du spectre autistique, notion qu'elles maîtrisent mal. Elle peut se définir comme l'ensemble des éléments du langage qui ne peuvent être compris qu'en fonction du contexte dans lequel ils se trouvent. Ainsi, par exemple, une même phrase aura plusieurs sens différents selon l'intonation avec laquelle elle est dite. C'est le cas des phrases ironiques qui revêtent un double sens selon le contexte, l'identité du locuteur et le ton sur lequel elles sont prononcées.

- Exemple :
  - Le jour d'Halloween, un étudiant dit à un autre : « Oh, c'est Halloween aujourd'hui, j'adore ton costume », la phrase implique un compliment, la personne aime réellement le costume de l'autre étudiant
  - Un autre jour de l'année, si ce même étudiant lance : « Oh, c'est Halloween aujourd'hui », la phrase sous-entend une moquerie, tu es mal habillé, on dirait un zombie etc.

Cependant la maîtrise des compétences pragmatiques va bien au-delà de la simple prise en compte du contexte. Elle suppose également que les locuteurs (ceux qui parlent) partagent des connaissances et des croyances de base afin de se comprendre (notamment dans le cadre des expressions partagées).

L'exemple le plus simple de l'utilisation de la pragmatique du langage réside dans cette simple demande d'un individu à l'autre dans la rue :

– Auriez-vous l'heure s'il vous plaît ?

La plupart du temps, les gens répondent, par exemple :

– Il est 9 h 10.

En réalité, la question signifiait littéralement : « Avez-vous l'heure ? » et non : « Pourriez-vous me donner l'heure ? » La réponse aurait donc dû être « Oui » ou « Non ». Pourtant, il ne viendrait pas à l'idée de votre interlocuteur de vous répondre par ce simple « Oui » ou « Non ». Et cela parce que votre interlocuteur sait instinctivement que vous avez besoin de connaître l'heure. Cet exemple est très simple et nombre de personnes présentant des difficultés de communication sociale maîtrisent parfaitement cette question de l'heure, mais certaines situations plus complexes peuvent être plus difficiles à décoder.

La pragmatique du langage est utilisée dans tous les domaines de la vie, dans la rue comme on l'a vu, au café, dans la littérature, dans les énoncés d'exercices (pour ceux qui vont à l'école), dans les consignes de formulaires etc. Ne pas la maîtriser parfaitement peut conduire à des difficultés. Les erreurs d'interprétation de la pragmatique du langage sont d'ailleurs souvent utilisées pour créer des situations comiques dans les films ou les séries.

Avez-vous déjà regardé la série *Big Bang Theory* qui connaît un succès qui ne s'essouffle pas depuis maintenant onze saisons ? Elle met en scène un groupe d'amis,

tous plus intelligents les uns que les autres, physiciens et *geeks*. L'essentiel du comique est créé par des situations qui impliquent des erreurs d'interprétation de la pragmatique du langage. Sans le vouloir réellement, les auteurs ont créé des profils de héros avec toutes les caractéristiques des personnes Asperger.

L'une des plus célèbres répliques de Sheldon (l'un des héros) fait suite à un compliment qui lui est fait. Une jeune femme lui dit : « Vous êtes un homme très brillant », notre héros ne le perçoit pas comme un compliment et prend le commentaire pour une affirmation. Il montre donc son accord avec celle-ci et répond : « C'est l'opinion qui prédomine. » Il passe ainsi complètement à côté des tentatives de séduction de son interlocutrice.

L'ironie

La pragmatique implique donc la maîtrise des présuppositions, des sous-entendus, des implications d'un discours ainsi que des conventions du discours. Elle va également conduire à la compréhension de l'ironie et forcément du second degré. *Le Petit Larousse* donne comme définition de l'ironie : « Manière de se moquer ou de railler en ne donnant pas aux mots leur valeur réelle ou complète ou en faisant entendre le contraire de ce que l'on dit. »

Qu'en termes savants ces choses-là sont dites ! En clair, il s'agit du moment où vous dites à votre enfant qui vient de casser votre nouveau smartphone pour lequel vous avez économisé pendant six mois : « Ah bah bravo ! » sur un ton cinglant.

Cet exemple est assez facile à repérer et à comprendre car le contexte est clairement en inadéquation avec ce qui est dit. Pourtant, à certains moments, la compréhension peut être plus difficile.

Lorsque j'expliquais les difficultés de maîtrise de l'ironie à une maman dont l'enfant venait de recevoir le diagnostic de trouble du spectre autistique, cette dernière s'est écriée : « Mais c'est vachement dur à comprendre, vous ne vous rendez pas compte ! » et elle commence à me raconter la remarque qu'elle a reçue la veille de la part de son employeur. Elle est très préoccupée par tout ce qui arrive à son fils en ce moment et se montre moins disponible que d'ordinaire pour effectuer correctement son travail, ce dont elle a parfaitement conscience. Sa supérieure la convoque dans son bureau suite à une présentation qu'elle a préparée. Elle l'accueille avec un grand sourire et lui envoie : « Cette présentation est parfaite ! Avec un peu de chance vous devriez être nommée directrice générale dans peu de temps ! » Il faut savoir qu'elle occupe un poste d'assistante de direction dans une grande entreprise. Elle n'a pas compris tout de suite la remarque de sa supérieure et est repartie soulagée jusqu'à ce qu'elle réalise quelques heures plus tard que sa chef n'était absolument pas satisfaite de son travail. Rassurez-vous, aucune conséquence de cet épisode n'est à déplorer. Depuis, son employeur est au courant de ses difficultés personnelles et soutient même des programmes de recherche sur l'autisme.

Tiens, mais au fait, son patron est-il un homme ou une femme ? Sauriez-vous repérer les marques morphosyntaxiques (les petits indices du texte) dans le récit de cette aventure qui l'indiquent ? Pourquoi cette étrange question ? Tout simplement parce que la perception de ces marques permet également de comprendre le contexte dans lequel on se trouve. Il n'est pas réellement central de savoir si cette dame a un patron ou une patronne, ce n'est pas ce qui nous occupe, mais la perception des sous-entendus et des inférences dans un texte commence par le repérage de ces éléments. Les élèves de primaire commencent déjà à apprendre à les reconnaître pour accroître leur compréhension des textes.

Se regarder droit dans les yeux

Avez-vous déjà fait cette étrange expérience, lorsque vous vous trouvez dans un lieu public, de vous sentir observé ? Instinctivement nous allons chercher dans la foule la personne qui nous regarde. Cette détection est en général assez rapide. Pourquoi ? Tout simplement parce que nous sommes équipés d'une sorte de radar qui nous indique rapidement que nous sommes observés. Même assis dans le métro, plongés dans le plus fabuleux des romans happant littéralement toute notre attention, nous finissons par découvrir que nous sommes observé.

Le regard est en effet le premier vecteur de communication. Il est utilisé très tôt dans le développement, dans les premières interactions avec la maman qui transmet à travers lui les messages non verbaux qu'elle adresse à son nouveau-né.

En grandissant, les messages qu'on envoie deviennent de plus complexes et essentiels pour que différents interlocuteurs se comprennent bien. Ainsi, dans une conversation, le fait de regarder son partenaire de discussion permet de lui transmettre nos émotions, nos sentiments.

Il est donc indispensable de bien maîtriser cet outil de communication quelle que soit la situation dans laquelle on se trouve.

Lorsqu'on s'adresse à un interlocuteur, il est important d'établir un contact visuel (c'est-à-dire le regarder directement dans yeux) afin, d'abord, de vérifier s'il est disponible pour une petite conversation. S'il est plongé dans son smartphone et concentré sur une autre tâche, mieux vaut attendre un meilleur moment. À l'inverse, ne pas répondre à une tentative de contact visuel permet de dire à l'autre que nous ne sommes pas disponible ou que nous n'avons pas très envie de lui parler (ce qui n'est pas toujours un message possible à envoyer, nous le verrons plus tard dans l'art de la diplomatie).

Maintenant, les deux protagonistes de notre aventure communicative se regardent. Ils vont donc pouvoir commencer à échanger des informations.

Celui qui parle sait donc par un simple regard que l'autre est disponible, l'écoute, se montre intéressé (ou pas) par la conversation. Celui qui écoute envoie l'information indiquant qu'il est disponible, qu'il est intéressé, qu'il comprend ce qu'on lui raconte (ou pas d'ailleurs, le message allant dans les deux sens).

Les personnes qui présentent des problèmes de communication sociale peuvent être en difficulté pour utiliser ce précieux outil. Dès lors qu'on comprend son intérêt, il est plus facile de se corriger. Un regard évitant envoie souvent des informations négatives de désintérêt, d'ennui, d'agacement etc. Mais, attention, un regard trop perçant peu également mettre nos interlocuteurs très mal à l'aise. Les messages peuvent alors être perçus comme très négatifs ou complètement contraires à ceux que nous cherchions à transmettre.

Un patient adulte, avec qui je travaille depuis peu, estime qu'il n'a pas de difficulté à poser son regard sur son interlocuteur et explique qu'il a compris, voilà bien longtemps, lorsqu'il était enfant, qu'il fallait regarder les gens dans les yeux, au risque de recevoir une remarque. Ainsi, il fixe les gens sans jamais détourner le regard. Plusieurs fois, ses supérieurs lui ont indiqué qu'il pouvait mettre les gens mal à l'aise, ce qui n'aidait pas dans certaines situations de négociation. Face à son client, il devenait, malgré lui, défiant. Face à une femme, il pouvait envoyer des messages de séduction très inappropriés, et ce bien malgré lui. L'alternance du regard entre son interlocuteur et un autre endroit de la pièce n'est certes pas plus naturelle pour lui que la fixation, mais cette astuce a le mérite de lui faciliter la vie et de pouvoir montrer ses compétences professionnelles exceptionnelles sans se faire reprocher son comportement.

Décoder les mimiques faciales et se forcer à en réaliser soi-même

Il est fondamental d'apprendre à comprendre les émotions faciales, mais également, à moins de paraître excessivement froid, détaché et bizarre, d'en exprimer soi-même. Au départ, quand on ne sait pas du tout comment exprimer une émotion faciale, on peut simplement imiter discrètement le visage de notre interlocuteur, en particulier son sourire : ainsi, s'il sourit, on sourit très légèrement ce qui nous fait apparaître beaucoup plus sympathique que si l'on demeure impassible.

Tout comme il n'y a que trois couleurs primaires – le bleu, le jaune et le rouge – dont le mélange peut donner une infinité de nuances, on considère qu'il n'y a que quatre émotions fondamentales (la joie, la tristesse, la peur, la colère ; certains en ajoutent deux, la surprise et le dégoût, mais selon certaines recherches récentes, la surprise est commune avec la peur et le dégoût avec la colère). Il n'y a donc que quatre émotions faciales fondamentales qui se repèrent assez facilement avec un peu d'entraînement. Si vous êtes débutant, vous pouvez utiliser des pictogrammes, si vous êtes plus avancé, vous pouvez utiliser le formidable système de lecture des micromimiques de Paul Ekman[6].

La bonne distance sociale

Dans le même ordre d'idée, la distance sociale est également très importante dans les relations aux autres et permet à notre interlocuteur de se sentir ou non mal à l'aise. Il ne suffit pas d'alterner son regard entre notre interlocuteur et les objets, il est également nécessaire de respecter une certaine distance sociale.

De quoi parle-t-on exactement ? Il s'agit de la distance entre deux personnes qui se rapprochent ou s'éloignent physiquement en fonction du contexte, des liens des deux protagonistes entre eux, du sujet de discussion (ou pas de discussion, il peut arriver de rester dans le silence), du public qui regarde notre couple d'interlocuteurs à un moment donné, de la culture et surtout de l'acceptation des deux parties de se rapprocher ou non. Ce langage corporel envoie également de très nombreux messages non verbaux.

Le langage corporel

Le langage corporel, ou langage non verbal, est impliqué à la fois dans la compréhension de ce que l'autre veut signifier mais également quand on veut faire comprendre certaines choses à nos interlocuteurs sans avoir à l'exprimer à voix haute.

Certains gestes sont particulièrement éloquents et on l'a vu dans la compréhension du principe de réciprocité émotionnelle, il est important de les décoder. Les gestes les plus évidents sont souvent ceux exprimant de l'impatience. Qui n'a jamais expérimenté des signes d'agacement de la part de l'autre ? Il regarde sa montre, agite ses jambes et se met à regarder ailleurs, signifiant par là même qu'il est plus que temps de mettre fin à la conversation.

Les enseignants observent souvent des comportements inadaptés pendant la classe où les élèves se tiennent mal, ne semblent pas concernés par leur enseignement et finissent par en déduire que leur élève est insolent, alors qu'il ne s'agit en fait que d'une difficulté à maîtriser le langage corporel.

Au contraire, dans un groupe d'adolescents (on peut également l'observer chez les adultes), une posture rigide, très droite, pourvu qu'elle s'accompagne d'une tendance pour la personne à utiliser un langage adultomorphe ou soutenu, contribue à coller à notre caméléon social une étiquette de type pédant, se croyant au-dessus des autres, dont il aura du mal à se défaire et qui ne le rendra pas sympathique auprès de ses pairs. Mais les enseignants, au contraire, pourront le trouver très bien élevé avec un comportement exemplaire. Notre insolent précédent sera, quant à lui, plus adapté aux relations avec ses pairs (les jeunes de son âge).

La maîtrise des deux langues corporelles et de toutes les autres (le pédant, l'insolent, le type cool, etc.) est donc fondamentale.

Du mauvais usage du langage corporel

Louise est une jeune fille de 17 ans, particulièrement intelligente, qui présente une grosse anxiété accompagnée de nombreuses questions existentielles. Ses parents consultent de longue date avec elle, depuis l'âge de 8 ans environ, car elle est en conflit avec eux et a eu quelques déboires avec les autres jeunes de son âge. Ses difficultés sont expliquées depuis longtemps par l'importante précocité intellectuelle qu'elle présente et le fait qu'elle s'intéresse à des sujets qui ne sont pas de son âge. Il faudra plusieurs semaines de thérapie avant que n'arrive l'hypothèse d'un trouble de la communication. Elle utilise des stratégies adaptatives et se sert de son intelligence avec une étonnante efficacité. Malgré la prise en charge, elle reste très anxieuse et se déprime de plus en plus. Elle finit par développer une phobie scolaire et refuse alors de se rendre au collège ne parvenant plus à sortir de sa chambre le matin. Un jour qu'elle est au plus mal, elle s'effondre en consultation et accepte de raconter ce qui lui est arrivé.

Elle est très amie avec un garçon de son lycée avec lequel elle passe beaucoup de temps. Elle l'appelle d'ailleurs « mon meilleur ami » et ne l'a jamais évoqué comme étant son « petit ami ». Plusieurs fois, en consultation, nous avions parlé des relations filles/garçons et elle était persuadée que les choses étaient très claires entre eux. Un après-midi, alors qu'ils sont chez le garçon, tous les deux sur le canapé, assis l'un à côté de l'autre, très proches, regardant un film, le garçon s'aventure à des gestes un peu plus explicites allant jusqu'à des caresses, la prenant dans ses bras mais sans aller jusqu'à des gestes franchement sexualisés. Elle ne le repousse pas et rapporte son comportement de façon très factuelle. À ce stade, je l'interroge pour savoir si elle a compris qu'il désirait aller plus loin. Elle répond que non et reste persuadée que ce sont des gestes amicaux quels que soient les arguments que je lui oppose.

Notre jeune homme continue donc de s'aventurer de plus en plus loin dans ses gestes puisque aucune opposition ne lui est opposée. Il n'ira pas jusqu'à l'embrasser. Cette scène va se reproduire plusieurs fois au cours des semaines suivantes. Louise continue de dire qu'il s'agit de gestes amicaux. Mais, un jour, il va plus loin et lui demande de lui faire une fellation. Ils n'ont jamais eu de rapports sexuels et Louise s'étonne de la demande. Le garçon lui oppose des arguments auxquels elle ne sait pas répondre et il finit par lui demander d'être gentille avec lui. Elle s'exécute alors pour qu'il continue à être son ami.

Notre gentleman aurait pu en rester là, mais il raconte à ses copains ce qui s'est passé. Les ragots vont alors commencer, les autres parlent d'elle en termes peu sympathiques, elle est traitée de fille facile. Deux mois plus tard, un autre garçon va alors se rapprocher d'elle et utiliser la même technique que son camarade. Il obtient également une fellation. Louise va alors craquer, elle se sent extrêmement mal, a des idées noires, mais persiste à dire qu'elle aurait pu dire « non » si elle avait voulu. Il faudra tout évoquer à nouveau avec elle pour qu'elle se rende compte qu'elle a dit « non » au moment où les choses dérapaient, mais que les garçons ont trouvé un moyen de la convaincre en exerçant un chantage affectif. Elle acceptera alors d'être hospitalisée.

Avec l'aide de ses parents et de l'hôpital, elle porte plainte. Elle sera entendue par une brigade de mineurs parfaitement formée à ce type de situation. L'inspectrice qui me contactera a bien perçu le caractère d'agression de la situation ; elle persistera néanmoins à imaginer que Louise a provoqué ce qui s'est passé. Il faudra lui expliquer longuement ce qu'est un trouble de la communication sociale pour qu'elle comprenne que non, elle n'a rien provoqué du tout. Elle ne maîtrise pas le langage corporel et les sous-entendus malgré son excellent niveau cognitif. Elle a pensé qu'en acceptant ce qu'on lui demandait, bien qu'elle ne veuille pas le faire, elle maintiendrait la relation d'amitié qu'elle avait avec ce garçon. Et surtout elle n'a même pas pu imaginer (mais qui le pourrait en toute honnêteté) que ce garçon allait se vanter auprès des autres. Malheureusement, de nombreuses femmes présentant un trouble de la communication sociale sont victimes de violences sexuelles, souvent commises par des personnes qu'elles connaissent parce que, justement, elles ne savent pas décoder les signes avant-coureurs et ne peuvent donc s'en protéger. À l'heure où ces lignes sont écrites, la polémique sur le harcèlement sexuel bat son plein. Il est plus que temps que les gens apprennent à respecter le « non » sans insister et à se respecter tout simplement. Je ne parle pas uniquement des hommes car certains hommes sont également victimes d'agressions, mais ils sont moins nombreux ou, du moins, ils en parlent nettement peu.

Se familiariser avec le second degré

La perception du second degré est un élément majeur de maîtrise du langage social. Il est d'ailleurs souvent utilisé pour créer des liens avec les autres car il peut revêtir un caractère humoristique qui nous rend sympathique. Il permet de créer des situations drôles et de mettre nos interlocuteurs à l'aise, pourvu qu'ils le comprennent.

Une patiente, venant en consultation en début d'après-midi, décide d'aller déjeuner dans une brasserie avant son rendez-vous. Elle se rend seule au restaurant, s'installe à une table non loin du bar et déjeune tranquillement avant son rendez-vous. Lorsque je l'accueille, elle me dit précipitamment : « Excusez-moi, il faut absolument que je passe aux toilettes avant que l'on se voie. Il n'y avait pas de toilettes à la brasserie en bas de chez vous ! » Je suis un peu surprise d'autant que je connais bien cet établissement et que je suis convaincue qu'ils ont des toilettes. Lorsque nous commençons la séance, je décide de l'interroger sur ce qui s'est passé. Elle me raconte alors qu'à la fin de son repas, elle a demandé au barman où se trouvaient les toilettes. Celui-ci lui a alors répondu : « Ah, ma petite dame, c'est très cher les toilettes chez nous, ça coûte 50 euros ! » Elle s'est alors détournée sans un mot et est partie furieuse. Elle se rend compte que j'ai un très large sourire à la fin de son récit et comprend alors qu'il s'agissait d'une blague et que le barman la taquinait. Elle comprend aussi pourquoi il lui avait fait un clin d'œil dont elle s'était offensée. Nous discutons donc du fait qu'elle arborait sûrement une expression un peu triste sur son visage pendant son repas (elle a peu d'expressions émotionnelles) et que l'intention du barman n'avait été que de la faire sourire. L'intention était donc amicale. Après le rendez-vous, elle est retournée voir le barman, s'est excusée de ne pas avoir compris sa blague, lui a expliqué qu'elle était Asperger et ce que cela signifiait. Ils discutèrent un bon moment et tout finit bien (mais ils n'eurent pas beaucoup d'enfants !). Elle peut maintenant aller déjeuner sereinement dans cette brasserie, elle sait qu'elle y sera bien accueillie.

Apprendre à différencier la taquinerie de la moquerie

Reconnaître la taquinerie est essentiel pour maintenir des relations satisfaisantes avec l'environnement, mais il est également important de savoir différencier la taquinerie de la moquerie.

La taquinerie implique une volonté de faire rire mais pas aux dépens de l'autre, au contraire, il s'agit de rire avec l'autre. A *contrario*, la moquerie implique une volonté de blesser l'autre, de l'humilier. C'est en quelque sorte une agression verbale. L'ironie peut d'ailleurs être utilisée dans la moquerie. Il est important de pouvoir distinguer ces deux modes d'expression car notre réaction face à chaque situation sera bien différente.

Dans le cas de la taquinerie, il est essentiel d'avoir une réaction positive, de rire de ce qui vient d'être dit ou de rire de soi. Cette réaction permettra de maintenir de bonnes relations avec les autres. Au contraire, dans le cas de la moquerie, il est impératif de savoir se défendre ! Si les autres peuvent se moquer impunément, ils risquent de continuer aux dépens de la personne dont ils se moquent et dans les écoles, il n'est pas rare d'observer des effets de groupe qui conduisent au harcèlement. Nos caméléons sociaux sont d'ailleurs souvent victimes de harcèlement. Ils sont maladroits socialement, paraissent un peu étranges, voire bizarres, aux yeux des autres et ne se défendent pas correctement. Ils sont alors victimes de moqueries répétées, voire d'agression, comme nous le verrons plus loin.

Comment faire alors pour reconnaître que l'on a affaire à une taquinerie ou à une moquerie ? Plusieurs indices sont impliqués dans la reconnaissance de l'une ou l'autre. Savoir identifier ces indices est tout aussi important pour les personnes ayant un trouble de la communication que pour leurs proches qui pourront les aider à comprendre les situations vécues et éventuellement les aider à avoir une réaction adaptée (cette aide est essentielle au collège et au lycée où les relations sociales sont complexes et évoluent très rapidement).

La première chose à faire est d'identifier de qui vient la remarque. Il est difficilement imaginable qu'un être qui vous aime ou qui a un rôle bienveillant ou aimant (rééducateur, enseignant, parent, grand-parent, etc.) veuille se moquer. Un jour, des parents accompagnent leur fils de 13 ans en séance et demandent que l'on puisse se parler tous les quatre. Celui-ci est très agressif envers son père et lui reproche en permanence ses moqueries. Le pauvre papa est désemparé et ne comprend pas ce qui lui est reproché, ayant l'impression d'être au contraire bienveillant. Jolan m'explique alors que ce n'est pas vrai du tout, que son père passe son temps à se moquer de lui et à lui faire des remarques. Il donne alors un ou deux exemples, ce qui permet à sa mère de faire le lien avec une certaine incompréhension. Elle me regarde alors et me dit : « Je pense comprendre enfin ce qui nous arrive, mon mari utilise souvent le second degré et la taquinerie, et notre fils ne comprend pas ses remarques. » Jolan se met donc très en colère chaque fois qu'il se fait taquiner. Il ne percevait pas le fait que son père ne pouvait pas être méchant avec lui et mettait les blagues de son père au même niveau que les moqueries de certains camarades. Il reste toujours dubitatif face à ce qui lui est dit mais accepte que son père ne soit pas un vilain sorcier qui n'est là que pour se moquer de lui.

Le deuxième indice consiste à observer le ton employé par l'interlocuteur. A-t-il l'air enjoué ou au contraire ferme et désagréable ?

Le troisième indice se trouve sur l'expression du visage de l'interlocuteur (d'où l'importance du regard et du fait de regarder son interlocuteur). Le visage paraît-il ouvert, souriant ? ou fermé, avec un rictus mesquin ? Il peut être aussi intéressant d'observer les gestes.

Il s'agit ensuite d'analyser le contenu de ce qui est dit et surtout le contexte dans lequel les propos ont été dits.

Moduler son comportement en public

Les maîtres mots sont « sobriété » et « discrétion » (évitez les comportements parasites lorsque vous êtes en public : stéréotypies motrices ou verbales, tics divers, etc.). Les gestes parasites distraient l'interlocuteur qui ne se concentre plus sur votre discours. Les adultes sont calmes et ne se tortillent pas. Les adolescents sont plus expansifs et utilisent surtout le rire lorsqu'ils sont entre eux. Il n'est pas toujours facile de repérer quand on peut s'adonner à une explosion émotionnelle.

• Si vous ne pouvez pas vous en empêcher, isolez-vous un moment pour pratiquer les stéréotypies (dont le rôle est important pour calmer le stress) : c'est essentiel car les gens vous trouveront bizarre s'ils vous voient en faire.

• Respectez les règles essentielles de politesse : dire bonjour en regardant dans les yeux et en souriant, demander : « Comment allez-vous ? » et répondre : « Bien merci, et vous ? », sans chercher à expliquer pendant plusieurs minutes comment vous allez réellement (c'est ce que l'on appelle une formule de politesse, c'est-à-dire un simple code social auquel il faut s'habituer et ne pas oublier ; quand la personne vous demande si « ça va », sauf si elle est très proche affectivement de vous (parent, ami proche…), elle ne s'attend pas à ce que vous lui racontiez votre vie mais simplement à ce que vous lui répondiez « Ça va, et toi ? »), etc.

• Apprenez l'art du bavardage : bien que cela puisse vous paraître très étrange, les échanges de banalités sont une partie essentielle de la communication sociale qui permettent de montrer à l'interlocuteur qu'on lui accorde de l'importance et que l'on s'intéresse à lui.

On considère que le soin apporté à la propreté, à l'habillement et à la gestion de la transpiration et des odeurs corporelles (celles-ci dépendent autant du fait de prendre une douche avec shampoing quotidien que de laver et de changer quotidiennement les vêtements directement en contact avec le corps [sous-vêtements...], on peut garder le même pantalon et le même pull à la rigueur trois ou quatre jours d'affilée, mais pas plus, ensuite il faut les laver) est une marque de respect pour les autres.

• Quand vous ne mangez pas seul, prenez garde de manger au même moment que les autres (si vous mangez votre sandwich en plein cours vous risquez de paraître bizarre). Tenez compte du contexte, c'est essentiel.

Laisser les autres parler sans les contredire même s'ils ont tort

Pour développer ces nouveaux comportements, mieux vaut observer et ne pas trop parler avant d'être devenu plus habile.

• Acceptez que les autres n'aient pas le même point de vue que vous et ne cherchez pas à les convaincre.

• N'interrompez pas votre interlocuteur avant qu'il ait fini de parler (parfois cela peut prendre du temps, soyez patient, même si ce qu'il vous dit ne vous intéresse pas vraiment).

• Faites des phrases courtes et ne parlez en général pas plus de trente secondes d'affilée (parler deux ou trois minutes à chaque fois peut donner l'impression que vous donnez un cours et que vous êtes prétentieux et imbu de vous-même), puis laissez votre interlocuteur s'exprimer, et attendez qu'il ait terminé pour répondre (finalement, le langage ressemble à une partie de tennis, il faut renvoyer la balle à l'autre et ne pas la garder pour soi).

Des efforts d'accord mais il y a des limites : les mondanités

Vous l'avez maintenant compris, avoir un trouble du spectre autistique, c'est avant tout présenter une particularité dans le traitement des informations sociales. Les Aspies font beaucoup d'efforts, mais il y a des limites.

Nous vivons dans une société régie par de nombreuses activités éminemment sociales. Même si nombre de nos concitoyens se désolent de notre société individualiste, il reste de nombreuses occasions de se prêter à des mondanités : mariages, fêtes religieuses, remises de prix, lancement de projets au sein d'une entreprise. Il est très difficile d'échapper en permanence à ce type de rassemblement. L'intensité des stimulations environnementales, les règles sociales à appliquer et le contrôle de son comportement pour répondre par une attitude adaptée à ce qui est attendu de nous en général demandent un effort majeur aux Asperger qui tentent souvent de les éviter. Ne jugez pas trop vite une personne qui refuse de se prêter à ces activités et n'exigez pas qu'elle se comporte exactement comme vous le voudriez pendant toute une journée. Mme M. a 50 ans et vit avec son compagnon depuis une quinzaine d'années. Ils ont décidé de ne pas avoir d'enfant et n'ont donc pas pensé avoir besoin de se marier pendant longtemps se trouvant très bien dans leur situation. Cependant, il y a cinq ans, Monsieur a eu envie de se marier pour faire la fête avec leurs amis. Mme M. a refusé catégoriquement exprimant clairement que cette journée était trop angoissante pour elle. Ce n'est pas le fait d'être mariée qui la contrarie, elle aimerait d'ailleurs faire plaisir à son compagnon, mais elle ne peut se résoudre à être le centre d'attention pendant toute une journée. L'idée même que les gens la regardent descendre l'allée à la mairie ou à l'église provoque chez elle d'importantes crises d'angoisse. Lorsque je lui proposais d'envisager un mariage très intime, puisqu'elle avait vraiment envie de faire plaisir à son ami, elle me rapporte que sa future belle famille ne pourrait pas l'accepter et le comprendre. Ils ont donc décidé d'être d'éternels fiancés.

L'art de la diplomatie

Le petit morceau de salade coincé entre les dents

Le mensonge fait partie intégrante de la communication sociale normale : la plupart des gens considèrent qu'il est adapté dans certaines circonstances, pour ne pas blesser quelqu'un, de lui mentir. Imaginons que nous nous trouvions devant un plat préparé avec amour durant des heures spécialement pour nous par une personne affectueuse, et qui se révèle, à la première bouchée, affreusement infect : que faire ? Être totalement soi-même, prendre un air dégoûté et dire que c'est immangeable au risque de faire une peine immense à cette personne que nous aimons, ou bien dire que c'est bon mais que l'on n'a pas très faim, c'est-à-dire mentir pour faire plaisir ? Faut-il dire à cette personne que nous visitons à l'hôpital et qui est gravement malade : « Tes joues sont creusées, ton teint blafard, j'ai l'impression qu'il te reste peu de temps à vivre », ou bien là encore mentir, ne serait-ce que par omission ? Faut-il remercier chaleureusement cette grand-tante qui vient de nous offrir comme tous les ans à Noël un horrible gilet tricoté par ses soins alors qu'il finira au fond d'un placard ? Faut-il dire à cette sympathique amie fière de nous présenter son nouveau petit copain qu'on le trouve vraiment repoussant et stupide ?

Bien entendu, on rendrait service à la personne qui a un morceau de salade coincé entre les dents en lui disant une bonne fois pour toutes ce que les autres n'osent pas. Sans doute. Mais dans ce cas, pourquoi n'a-t-on pas vraiment le droit de dire à ce nouveau collègue qu'il sent trop fort la transpiration alors que cela lui rendrait peut-être service ? Ce n'est pas vraiment logique, n'est-ce pas ? Ou de façon plus subtile, comment faire pour décliner l'invitation de personnes que nous n'avons pas vraiment envie de voir, sans les froisser, alors que c'est la troisième fois qu'ils nous proposent une date ?

Et cette séduisante personne du sexe opposé que nous ne connaissons pas et qui nous regarde en souriant : que veut-elle nous dire ? Nous avons, pour beaucoup, passé notre adolescence à nous poser la question et bien entendu à nous tromper. Ce sourire signifie-t-il que nous lui plaisons ? Invite-t-il à aller plus loin ? Faut-il prendre le risque d'un éventuel « râteau » ? Ou bien ce sourire est-il simplement de circonstances ?

Plus nous avons d'expérience, plus nous apprenons à discerner en fonction du contexte : le même sourire ne signifiera pas nécessairement la même chose si nous sommes en Amérique ou dans un pays latin, si nous sommes dans un bar pour célibataires ou dans un avion et qu'il ou elle porte l'uniforme du personnel. C'est toute la subtile irrationalité des relations sociales, dont la première règle est qu'il n'y a pas de règle absolue. Mais, là encore, certains sont plus doués que d'autres.

Eh oui, cela semble très paradoxal, mais même si l'on est très honnête, il faut savoir mentir dans certaines circonstances. Mentir est essentiel dans des situations bien précises afin de ne pas choquer ou blesser quelqu'un. Par exemple si vous vous trouvez à l'enterrement de la tante Berthe que toute votre famille déteste, il serait malvenu de dire à quelqu'un qui vous demande ce que vous pensez d'elle que tout le monde la déteste : ce n'est ni le lieu ni le moment pour étaler au grand jour ses petits défauts. On peut répondre de façon évasive sans réellement mentir ou avec humour, par exemple dire : « C'était toute une poésie cette tante Berthe ! » Mentir, c'est parfois protéger un secret. Si un terroriste vous demande où se cachent les enfants qu'il veut tuer, vous n'allez pas lui montrer la cachette pour éviter de mentir. De même si votre patron vous dit qu'il va renvoyer votre collègue, ce n'est pas à vous de le lui dire, mais à votre patron. Le mensonge n'est pas nécessairement synonyme de malveillance ou de manipulation, il est au contraire parfois synonyme de bienveillance. Il faut tenter de se mêler uniquement de ce qui vous concerne, vous personnellement et, dans le doute, ne pas rapporter d'informations qui concernent d'autres personnes (sauf quand c'est très important, c'est-à-dire dans le cas où le fait de ne pas dire quelque chose risque de léser gravement une personne ou de la mettre en danger). Il y a des situations complexes où personne ne sait vraiment ce qu'il convient de faire (par exemple si vous voyez le conjoint de votre meilleure amie dans les bras d'une autre femme) : d'un côté dire, c'est faire de la peine, ne pas dire c'est trahir… Chacun gère en fonction de sa philosophie personnelle, mais pesez bien le pour et le contre et, dans le doute, demandez à un proche de confiance (personne de votre famille ou un ami bien intentionné) ce qu'il en pense.

Apprendre à utiliser le pieux mensonge (c'est le seul acceptable), c'est également se souvenir que l'on ne peut pas dire tout ce qui nous passe par la tête. Il est nécessaire d'inhiber certaines pensées qui ne doivent jamais être exprimées à voix haute. Un proverbe dit qu'il faut tourner sa langue sept fois dans sa bouche avant de parler. Il n'est pas nécessaire de le faire bien entendu, il s'agit juste de se prémunir contre toute parole qui pourrait blesser votre interlocuteur en réfléchissant (le temps de tourner sa langue) à ce que les paroles pourraient provoquer chez l'autre.

Le piège des écrans

Apprendre à retenir des paroles qui pourraient blesser l'autre est également valable à l'écrit. Les liens sociaux sont éminemment liés aux réseaux sociaux. Il devient difficile de vivre sans au moins l'utilisation de l'un d'entre eux ou d'une messagerie. Lorsqu'au siècle précédent les gens s'envoyaient des lettres, ils prenaient le temps de la rédaction à la main, l'élaboration du récit impliquait forcément la maîtrise de ce que l'on transmettait. Le papier a progressivement été remplacé par le message électronique, plus court, plus rapide à l'expédition. Mais le lecteur est resté le même. Lorsqu'il ouvre le courrier, il va interpréter ce qui a été écrit de la même façon qu'il y a deux siècles (tout changement sociétal mis à part). Toutefois le rédacteur, lui, fait face à la tentation de l'écriture trop rapide derrière son écran. On le voit souvent sur les réseaux sociaux, les gens écrivent des commentaires sans se relire, envoient des paroles très agressives, comme si l'écran les protégeait des conséquences de leurs écrits. Il est vrai qu'il est plus difficile de mettre une claque à quelqu'un qui vous insulte derrière un écran. Néanmoins, les paroles ont un impact sur l'autre que celles-ci soient à l'écrit ou à l'oral. Il est donc nécessaire de se souvenir que quelqu'un va lire ce que vous écrivez et qu'il va ressentir des choses à ce propos. Et surtout, souvenez-vous, Internet n'oublie rien, ce qui est écrit le reste.

Sexe et neurodiversité

La question de la sexualité chez les autistes demeure un tabou. D'une part, il y a les difficultés inhérentes au jeu de la séduction, summum de la complexité des interactions sociales, dont nous avons vu que les imbroglios peuvent mener à des situations très compliquées, voire dramatiques.

D'autre part, la neurodiversité renvoie à la notion de diversité sexuelle : la fréquence de l'homosexualité, de la bisexualité, de l'asexualité et des questions concernant l'identité de genre et la transexualité, semble, d'après notre expérience clinique, plus fréquente chez les Aspies, comme si leur sexualité était plus complexe, plastique, moins homogène et fixée dans le temps. L'hypersensorialité cutanée et la difficulté avec le contact (en général, les Aspies n'aiment pas tellement qu'on les touche ou qu'on les serre dans les bras de façon trop appuyée car c'est vite douloureux et stressant) ou olfactive (certains ont une sensation de dégoût prononcé lorsqu'ils sentent les effluves corporels de l'autre).

Nombreux sont les parents à s'interroger sur la sexualité de leur enfant autiste quel que soit son âge. Ils se demandent souvent si leur enfant pourra fonder une famille, avoir des enfants et être heureux en amour. Mais ces questions sous-entendent un schéma classique et il n'y a rien de classique dans la pensée autistique. Certains rêveront d'une famille traditionnelle, d'autres non. L'acceptation de la neurodiversité passe également par l'acceptation d'un schéma de sexualité qui est propre à chacun. Il est nécessaire d'éviter de coller des idées préconçues à ce que l'on attend chez l'autre.

On ne badine pas avec l'amour

La difficulté à interpréter les signaux de séduction subtils est le principal objet de discussion de tous les ados : c'est très compliqué, il y a toujours le risque de mal interpréter et la peur de prendre un « râteau ». J'explique souvent à ces jeunes garçons que ce n'est pas parce qu'une fille est gentille avec eux, par exemple qu'elle leur a prêté un livre, que cela signifie qu'elle est amoureuse et qu'il faudra des signaux plus explicites avant de tomber dans le piège terrible de l'amour à sens unique, qui conduit assez souvent à des situations qui peuvent être perçues comme du harcèlement : tant que la fille ne leur a pas dit explicitement qu'elle ne les aime pas et ne veut pas de relation sexuelle avec eux, certains continuent, en toute bonne foi et sans avoir du tout pris conscience que c'est inadapté et intrusif, à envoyer moult SMS, e-mails, messages Facebook assortis de poèmes et de petits cadeaux. Quand la jeune fille est un peu timide, ou pire, perverse et qu'elle prend un malin plaisir à faire croire au garçon qu'elle a peut-être des sentiments pour lui, en profitant pour amuser la galerie au détriment du garçon amoureux, celui-ci entre dans un cycle infernal de torture et de moqueries. J'ai le souvenir lorsque j'étais au collège d'un garçon un peu bizarre et maladroit, vêtu comme s'il sortait d'un film des années 1950 et toujours seul dans la cour. Indubitablement un Aspie. Il avait jeté son dévolu sur la plus jolie fille de la classe, celle que, en dehors des grandes gueules suant la testostérone, nul n'osait approcher tant elle nous impressionnait. Naïvement, ce garçon était allé la voir pour lui dire qu'il était amoureux et voulait se marier avec elle. Elle rejoignit son groupe de copines en pouffant de rire, et elles organisèrent sous cape une fausse cérémonie de mariage dans la cour. Elles avaient même récupéré deux bagues qui figureraient les alliances et mirent en place un simulacre de mariage, avec même un redoublant plus âgé qui faisait le rôle du maire et récitait les phrases rituelles : « Vous vous promettez fidélité... » Il y eut même un furtif bisou sur la bouche. La victime de cette farce repartit un vaste sourire aux lèvres, arborant un visage plein de félicité et des joues rougies par l'émotion. Dans les jours qui suivirent, il chercha à tout prix à lui parler dans la cour ou les couloirs du collège, mais elle faisait tout pour l'éviter. Ses tentatives malheureuses et répétées pour l'approcher se soldaient par de piteux échecs et, bien évidemment, tout le monde observait ce petit jeu en éclatant de rire. Même les profs prirent les choses à la rigolade, sans considération pour la souffrance de cet adolescent. Mais lui ne semblait rien voir et il continuait d'arborer le sourire heureux de celui qui s'envisage un avenir fabuleux. Comme les choses prenaient de l'ampleur, trois ou quatre d'entre nous le prirent en pitié et tentèrent de le convaincre de lâcher l'affaire. Rien n'y faisait, il ne voyait que ce qu'il voulait voir et restait campé sur l'idée qu'un serment solennel est gravé dans le marbre. Nous tentions de lui montrer la réalité, le fait qu'elle refusait le moindre contact avec lui, lui reprochait d'être collant, que les autres se moquaient de lui, mais il demeurait inflexible dans sa conviction intime d'être marié avec la femme de sa vie. Une parole est une parole : pensée autistique typique, car, dans le monde béni des Aspies, le mensonge et la manipulation n'existent pas. Les choses se passèrent de plus en plus mal : il se mit à la suivre dans la rue et demeurait des heures devant la porte de son immeuble à l'attendre, il se mit aussi à lui écrire des dizaines de lettres interminables pleines de lyrisme. Les choses prirent une tournure tragique le jour où il eut la très déplaisante idée, pour convaincre son aimée de la puissance de son désir, de glisser quelques poils de pubis, persuadé que ce cadeau fort intime serait le signe ultime qui la précipiterait dans ses bras. Les parents de la jeune fille rencontrèrent le directeur de l'école et, alors que les choses auraient pu s'arrêter là, ils exigèrent d'une part son renvoi définitif, d'autre part décidèrent de porter plainte. Le jeune autiste se retrouva convoqué au commissariat, sans comprendre pourquoi, soumis à un interrogatoire agressif, puis à une humiliation devant ses parents, puis convoqué à un conseil de discipline dans le collège où il subit à nouveau les reproches les plus sévères. On le traita d'obsédé sexuel, de pervers, de honte pour le collège. Lui ne comprenait rien à cette situation : il avait, de façon typique chez les Aspies, pris les choses au premier degré. Il fut renvoyé et nous ne le revîmes jamais au collège. J'appris plus tard qu'il s'était suicidé en ingérant de l'eau de Javel.

Don Juan au pays des geeks

L'enjeu d'une prise en charge sur ces questions est d'éviter d'en arriver à de telles extrémités.

C'est un jour de consultation d'un début de mois de septembre. Dans ma salle d'attente sont assis une mère et son adolescent blond de 17 ans. Nous l'appellerons Jean. Je l'appelle, il se lève, fait tomber maladroitement son téléphone portable, puis ses clés, puis à nouveau son téléphone portable et entre dans mon bureau sans me regarder ni me saluer. La mère, une femme souriante et affable, me demande si elle peut l'accompagner pour me dire un mot en début d'entretien. J'accepte, ils s'installent dans leurs fauteuils et je lui demande de m'expliquer pourquoi il est venu ; je n'obtiens pas de réponse. Il semble consterné d'être là. Après de longues secondes d'attente dans le silence, la mère, un peu gênée, me demande l'autorisation de me résumer brièvement la situation. Jean a 19 ans, il a eu son bac à 15 ans et est actuellement dans une grande école prestigieuse. Elle s'inquiète avec son père de le trouver mal dans sa peau, et les enseignants, s'ils lui reconnaissent un esprit supérieurement brillant, témoignent régulièrement de ses difficultés d'intégration dans la classe et de ses réactions souvent inadaptées, ainsi que de ses piètres performances dans les matières autres que les mathématiques et la physique qui semblent ne pas l'intéresser. Il est seul, n'a aucun ami et passe tout son temps libre à travailler sur ses logiciels de programmation afin de créer de nouveaux modèles mathématiques. Elle-même enseigne la littérature à l'université et m'explique que son mari travaille comme ingénieur à l'étranger et qu'il ne reviendra pas avant plusieurs mois. Elle s'exprime avec aisance et lorsqu'elle parle de son fils, on sent beaucoup de tendresse. Pendant qu'elle parle de lui, Jean renfrogné sur sa chaise, fixe obstinément ses chaussures. De temps en temps, il se redresse et jette un coup d'œil circulaire sur la pièce, comme s'il la scannait, s'arrêtant longuement sur un détail sans importance, en l'occurrence le vieil engin qui me sert d'interphone. Il me demande pourquoi j'ai un Minitel alors que j'ai un ordinateur ; en effet, l'appareil ressemble à cet objet d'un autre temps. Pendant que je lui explique que ce n'est pas un Minitel mais que j'admire ses capacités d'observation, j'ai droit à un coup d'œil furtif ; son regard aux yeux bleu clair semble calme et on sent derrière la carapace beaucoup de gentillesse chez lui. Le contact semble établi, et la mère propose d'elle-même de retourner en salle d'attente afin que nous puissions continuer l'entretien seulement tous les deux. Lorsque je reviens, Jean m'explique qu'il ne voit pas l'intérêt de consulter un psychiatre. Il a déjà vu beaucoup de psys depuis son enfance, et il affirme que cela ne lui a jamais servi à rien. En somme, il est là pour faire plaisir à sa mère. Je lui demande s'il est d'accord avec ce qu'elle a dit sur ses difficultés scolaires, sa solitude et son mal-être. Il concède le fait qu'il souffre de ne pas avoir réussi à nouer de relation sentimentale. Je lui demande de me raconter pourquoi il a des difficultés avec les filles. D'un seul coup je vois son beau regard s'allumer ; il me demande si je peux l'aider à apprendre et « être son coach en séduction ». J'éclate de rire et lui explique que moi-même je n'ai jamais été un champion dans le domaine (ce qui déclenche un sourire furtif), mais que peut-être je peux essayer de mieux comprendre ses difficultés. Je suis parvenu à le faire rire, c'est déjà une première accroche, ce moment crucial dans un début de thérapie qui fait que l'on sait immédiatement que l'on pourra travailler ensemble. Alors je lui demande de me raconter concrètement comment il s'y prend avec les filles ?

– Oh bah ça ne marche pas trop, je sais pas pourquoi.

Je lui demande d'être plus précis. Je sens bien qu'il hésite à me raconter mais j'insiste :

– Allez, racontez-moi précisément ce qui s'est passé la dernière fois que vous avez tenté une approche.

– Ben, y a une fille qui me plaît bien dans la classe et je suis allé la voir à la fin du cours et je lui ai dit : « J'aimerais bien coucher avec toi parce que j'adore tes seins. »

J'éclate de rire, sa naïveté est si touchante et révélatrice. Il va falloir expliquer à ce dieu des maths au méga QI ce qu'un garçon de 8 ans sait déjà sur ce que l'on peut dire ou non à une fille. Mais, surtout, il ne faut pas qu'il se sente humilié, il l'a déjà été suffisamment tout au long de sa vie. Il faut que je trouve une façon de valoriser son honnêteté, car c'est bien de cela dont il s'agit : il a dit tout haut ce que les garçons neurotypiques de son âge pensent tout bas, mais au lieu de masquer son objectif principal derrière les fioritures du jeu de séduction, il est allé très directement à l'essentiel. Évidemment, la catastrophe était assurée : la fille l'a giflé et refuse de lui adresser la parole.

– J'adore votre côté super *straight*, si tout le monde était honnête comme vous le monde tournerait mieux. Malheureusement si vous faites comme ça, ça ne marchera jamais. Il faut y aller par étapes !

– Pourquoi ? Je ne comprends pas, je lui ai dit ce que je ressens, après si elle veut, elle veut, sinon tant pis, mais elle n'avait pas à me traiter comme ça. Je n'ai pas voulu jouer au

Don Juan comme les autres, j'aime la vérité et je dis toujours ce que je pense.

– Oui, je comprends votre système de pensée, mais vous savez, les filles n'aiment pas qu'on leur parle comme ça, elles ont l'impression d'avoir à faire à un prédateur qui ne

…nt à elles, mais uniquement à leur

…qu'elle m'aime. Quand j'ai besoin de
…que j'oublie souvent des affaires quand
…oujours elle qui me prête les siennes ;
…emps et une fois elle a même touché
…remettre en ordre. Elle m'envoie des
…ur Facebook quand je mets des posts.
…in.

…maths, alors je me dis que je vais utili-
…fonctionne à merveille car quelqu'un
…ne façon logique ce qui lui semble
…ment mystérieux et irrationnel.

…liquez que sur la base d'un certain
…entillesse, ses attentions envers vous,
…e quelques affaires, vous avez fondé
…définitive. Ce sont des conditions
…ffisantes. C'est comme si vous cher-
…éorème général à partir de quelques

…comprends pas pourquoi elle ne
…monde est trop injuste. Des fois, je
…'est moi qui ai été tiré au sort sur des
…les. J'aurais préféré ne jamais exister !
…e problème, et vous êtes tout à fait
digne d'être aimé par une fille et il est légitime et normal à

BARMHARTIG ZOALS DE VADER

SINT-SALVATORSKATHEDRAAL BRUGGE

JAAR VAN DE BARMHARTIGHEID

2016

votre âge que vous ayez du désir sexuel. Le problème, c'est que vous avez beaucoup de mal à interpréter les signaux de séduction. Sachez que vous n'êtes pas le seul, c'est de base assez compliqué. Mais il faut savoir que ce n'est pas parce qu'on est gentil avec vous que l'on vous aime. Je sais, c'est bizarre d'une certaine façon, mais il faut même savoir que parfois les gens sont gentils en apparence parce que c'est simplement leur personnalité d'être comme ça, or cela n'a pas forcément de rapport avec vous et ils le sont un peu avec tout le monde. Parfois même, dans la vie, les personnes qui semblent gentilles n'ont pas forcément d'intentions positives ou bienveillantes, vous vous en êtes sans doute déjà rendu compte. Certains mêmes font semblant d'être gentils mais peuvent se moquer de nous dans notre dos.

Je lui demande si cela lui est déjà arrivé.

– Je ne m'en sortirais jamais, c'est trop compliqué !

– Les règles implicites des relations sociales s'apprennent au même titre que les maths. La seule différence, c'est qu'il n'y a pas de règle absolue, tout dépend du contexte, mais à force d'essayer on finit par y arriver. C'est comme d'apprendre à nager, à la fin les choses deviennent plus faciles. On peut s'aider facilement en regardant comment les autres font, ceux qui semblent à l'aise et s'en inspirer un peu.

Comme il semblait dubitatif, j'ai finalement eu l'idée d'essayer de lui dessiner un arbre décisionnel étape par étape. Il était aussi heureux et excité que s'il venait de gagner au Loto. Plus tard, la mère me révélera « depuis l'algorithme que vous lui avez fait, il vous adore. Il l'a refait en grand et l'a scotché dans sa chambre. Vous avez su trouver le bon langage pour lui parler ». Voici les étapes de l'algorithme telles qu'il les avait très soigneusement retranscrites sur son ordinateur après avoir absolument tenu à les enregistrer avec son iPhone durant l'entretien, de peur d'en perdre une précieuse miette.

Algorithme de séduction

– Première étape : lui parler en la regardant dans les yeux en souriant et en lui posant une question directement rattachée au contexte. Par exemple, là, c'était la fin du cours, lui demander ce qu'elle pense du prof.

» Si elle répond et semble avoir envie de discuter, il faut continuer à entretenir la conversation durant deux ou trois minutes, pas plus, en souriant et en la regardant dans les yeux ; la laisser parler, ne pas la couper, l'écouter, ne pas lui parler de choses qui pourraient lui paraître bizarres ou ne pas l'intéresser (comme les démonstrations de maths). Ne surtout pas fixer ses seins, la regarder, elle, dans les yeux. Ne pas faire durer trop longtemps sinon on passe pour quelqu'un de collant. Si elle a souri et répondu et si elle semblait prendre du plaisir à discuter, passer à l'étape deux de l'algorithme mais pas le même jour. Là, il faut la laisser tranquille, ça ne doit pas durer plus de trois minutes. Il ne faut surtout pas trop parler (un défaut que supportent mal les filles) mais écouter et relancer la balle (comme au ping-pong). Éviter à cette première étape de faire de l'humour (c'est la meilleure façon d'éviter de faire des faux pas sociaux dès le début). Si on a l'impression qu'elle ne regarde pas beaucoup, regarde de l'autre côté, essaye de partir ou de parler avec quelqu'un d'autre, il faut décrocher.

– Je ne suis pas quelqu'un qui lâche l'affaire comme ça, j'ai la niaque, et ça, on m'a dit que c'était une qualité !

– Si la fille ne vous montre pas de signe d'intérêt, il est indispensable de décrocher : il n'y aura pas de possibilité d'aller plus loin.

Persévérer ne fera que l'énerver et elle aura l'impression d'être harcelée. Elle fera circuler une mauvaise image et les autres filles s'écarteront, elles aussi. Vous vous retrouverez encore plus seul. C'est bien de persévérer dans certains domaines comme le travail ou les maths, mais pas dans les relations avec les autres. Il faut toujours respecter le point de vue de l'autre. C'est l'autre qui décide et pas nous. Et dans les relations sentimentales, c'est encore plus vrai, c'est toujours la fille qui doit décider.
– Pourquoi ce n'est pas logique, c'est sexiste ? (Il semble en colère.)
– Vous avez raison d'une certaine façon. En fait le garçon doit aussi décider pour lui, une fille ne peut pas lui imposer non plus quoi que ce soit. Mais dans les conventions sociales non écrites et implicites et dans les stéréotypes de notre société qui n'est pas encore si évoluée dans l'égalité des sexes, les garçons sont souvent un peu trop en position de force et les filles doivent faire attention et se méfier un peu, et ce n'est pas toujours simple. C'est plus simple pour les garçons d'une certaine façon, donc comme c'est plus simple pour les garçons c'est à la fille de décider. C'est justement parce que parfois certains garçons insistent trop et veulent à tout prix avoir une relation sexuelle sans être certain que la fille en ait vraiment envie qu'il y a des agressions sexuelles et ça c'est extrêmement destructeur.
– C'est comme voler une pomme sur un étalage.
– Si vous commencez à comparer les filles à des pommes on n'est pas sorti de l'auberge !
Il rit de bon cœur et j'ai l'impression que nous passons un bon moment ensemble. Il me demande de le tutoyer. Je reprends mon algorithme :
– Étape deux, elle t'a souri et a discuté avec toi la première fois, tu l'abordes cette fois dans un nouveau contexte et tu essayes de t'intéresser à elle. Par exemple, tu peux lui demander ce qu'elle aimerait bien faire à la fin de ses études ou bien si elle a une

passion comme faire de la musique ou du sport. Toujours pareil, si elle manifeste de l'intérêt, tu passeras à l'étape trois, sinon tu décroches. Tu essayeras une autre fois avec une autre fille que tu rencontreras plus tard et qui te plaira. Plus on rencontre de personnes, plus on multiplie ses chances de rencontrer la bonne personne.

– C'est des probabilités comme en mathématiques.

– L'amour, c'est surtout beaucoup de mystère, de poésie et d'alchimie, ça ne se téléguide pas. Je suis sûr que tu arriveras un jour, prends ton temps, tu es très jeune. Tu portes en toi des choses belles et pures, tu es un garçon super et tu mérites d'être heureux et de vivre les mêmes jolies choses que les garçons de ton âge.

– OK, c'est quoi l'étape trois ?, me demande-t-il, manifestement désireux de repartir avec l'intégralité du modèle.

– Si l'étape deux s'est bien passée, tu lui proposes environ une semaine ou deux après l'étape deux de prendre un café ou d'aller au cinéma avec toi le week-end. Et puis si elle accepte et que vous passez un bon moment ensemble, tu lui montres au cours de cette rencontre que tu es désireux de mieux la connaître. Tu l'incites à parler d'elle, sans non plus la mitrailler de questions sur elle, sur ce qu'il intéresse, ses projets et ses rêves pour l'avenir. Demande-lui si elle a des frères et sœurs. Demande-lui ce que font ses parents, mais ne la crible pas de questions. Ce n'est pas grave s'il y a des temps de silence. Regarde-la bien dans les yeux, souris-lui, c'est le plus important, elle se souviendra plus de ton regard que de tout le reste. Il faudra répéter cette étape plusieurs fois, ne la harcèle pas, prends ton temps, laisse-la te rappeler. Si elle ne le fait pas, là aussi, sois capable de décrocher. Propose-lui café, cinéma, resto, balade, sport, concert, théâtre, ce genre de choses. Dis-lui que tu es heureux de passer du temps avec elle. Parle-lui de toi, ta famille, ta façon de voir la vie (mais pas uniquement des maths). Si tout continue à se passer harmonieusement, tu mets le turbo et tu passes à l'étape quatre. C'est l'étape la plus chouette, c'est celle où le cœur commence à battre. Tu lui poses ta main sur la sienne, mais tu le fais très délicatement, tout en douceur. Si tu vois qu'elle retire sa main ou qu'elle s'écarte un peu n'insiste pas, ne te sens pas vexé, c'est juste comme ça. Peut-être que tu lui rappelles son horrible petit cousin qui lui tapait dessus lorsqu'ils étaient enfants. Ou peut-être qu'elle aime les filles. Ou peut-être que simplement elle t'aime bien, mais elle veut que tu sois son ami mais pas son amoureux. Ou peut-être même qu'elle a déjà un amoureux, mais ça, il faut lui poser la question. En tout cas ne sois pas triste, même si c'est normal d'être un peu déçu, sache que tu t'es bien comporté avec elle et que tu dois être très fier de ça. Respecter l'autre est la chose la plus importante dans la vie.

– Et l'étape d'après ?

– Ah là, c'est celle du grand mystère. Tu la laisses diriger les choses. Si elle veut t'embrasser, tu l'embrasses et ensuite tu laisses le désir et les émotions monter et jouer leur rôle. Ça doit être beau, tu dois prendre ton temps, t'assurer régulièrement qu'elle est d'accord et qu'elle aime ce que tu lui fais. Laisse-la te guider, les choses se passeront ensuite tout naturellement. Et surtout, montre-lui que tu l'aimes, ne t'arrête pas à la relation sexuelle, elle aura l'impression que tu l'as utilisée comme un objet. Continue de passer du temps avec elle, de t'intéresser à elle. Petit à petit, une vraie relation se nouera entre vous, et tu connaîtras l'amour véritable.

Se faire quelques amis loyaux

Tous ces conseils que nous venons de voir sont donnés par un thérapeute à l'intention d'un patient. Cependant les thérapeutes ne sont pas toujours bien placés pour comprendre les tenants et les aboutissants d'une situation dans la mesure où ils ne vivent pas avec leurs patients et ne sont donc pas toujours là pour décoder tout ce qui se passe dans l'environnement social. Il est donc important de pouvoir compter sur des personnes loyales de votre entourage. En dehors des membres de sa famille, on peut essayer de s'entourer de personnes sympathiques qui comprendront ce qui arrive. Il est certes difficile de se faire des amis lorsque l'on présente un trouble de la communication sociale, mais, en grandissant, on se rend compte que cela devient de plus en plus facile car les autres jugent de moins en moins. Au collège, la règle du « tous pareils » dessert bien souvent le caméléon social. Les jeunes ados, encore cruels à cet âge, peuvent profiter des faiblesses de leurs camarades. Mais plus les années avancent, plus les autres cherchent à s'individualiser. Les particularités des Aspies peuvent alors commencer à intriguer. Les autres deviennent plus tolérants à la différence (pas tous, ce serait trop beau ! mais on ne peut pas plaire à tout le monde). Il est alors possible de rencontrer une ou deux personnes bienveillantes qui verront au-delà de vos bizarreries et deviendront des alliés précieux dans la compréhension du monde.

Lorsqu'on découvre que l'on est autiste, on peut aussi rechercher la compagnie d'autres personnes autistes dans les groupes d'entraînement aux habiletés sociales, dans les associations ou sur des forums de discussion sur Internet.

On peut également rechercher des personnes qui ont les mêmes centres d'intérêt. L'enjeu réside surtout dans le fait de se faire aider et de partager des moments agréables ensemble.

Acceptez de faire des faux pas sociaux, ce n'est pas grave ! Amusez-vous à transgresser ces règles de temps en temps, cela vous fera du bien et apportera une note de fantaisie dans la vie des autres. Faites-le uniquement avec des gens avec lesquels vous vous sentez en parfaite confiance et que vous connaissez bien, qui vous acceptent et sont réellement gentils avec vous.

CHAPITRE 9

Exploiter ses capacités intellectuelles et développer ses centres d'intérêt pour pouvoir en faire un jour son métier

Lorsqu'on est enfant, l'une des questions a laquelle nous sommes le plus confrontés est : « Qu'est-ce que tu veux faire plus tard ? » Les plus âgés auront les souvenirs de Jacques Martin assenant à ses petits candidats cette même question dimanche après dimanche. Personne ne s'attend alors à obtenir comme réponse : « Je voudrais être agent de courtage en assurance » ou « inspecteur des impôts », parce que ces réponses ne font pas rêver les petits enfants. Non, on veut être pompier, gendarme, super-héros, danseur ou danseuse, chanteur ou chanteuse, maître ou maîtresse d'école, etc. Il paraît évident à tout le monde que l'on va choisir un métier dont on a vraiment envie et pour lequel il nous sera agréable de nous lever le matin. Au fur et à mesure que la scolarité avance, le choix s'affine et se confronte à la réalité des capacités de chacun, mais avec comme objectif premier de motiver les troupes. On est toujours meilleur quand on fait ce que l'on aime et quand on exploite ses capacités.

Lorsqu'on a des capacités de communication sociale moins efficientes que les autres, il n'est pas nécessaire de se lancer dans une carrière de vendeur, même si la conseillère d'orientation trouvait qu'un CAP vente vous irait très bien après la classe de troisième. Une jeune patiente s'était laissé convaincre par son école qui n'approuvait pas un passage en classe de seconde, de se lancer dans une formation de fleuriste. Mais la pauvre souffrait de longue date de difficultés de motricité fine (pas pratique pour faire un bouquet) et s'est retrouvée en boutique à interagir avec des clients, ce qui l'a épuisé psychiquement. Ce choix peu judicieux est arrivé parce qu'elle ne parvenait pas elle-même à exprimer ses préférences. La méconnaissance de son trouble par l'équipe enseignante les a conduits à des propositions peu adaptées.

Chacun a ses forces et ses faiblesses, il faut donc choisir judicieusement en fonction de celles-ci. Ce conseil paraît d'une banalité affligeante et, pourtant, bon nombre de patients se retrouvent dans cette situation, subissant leur activité plutôt que de l'aimer.

Exploitées de façon judicieuse, les particularités des personnes autistes peuvent se révéler être un véritable atout pour les entreprises. Hugo Hauriot[1] fait un plaidoyer sur ce sujet en mettant en évidence ce principe de base que chacun peut trouver sa place et se montrer utile pour la société. Il prend l'exemple de l'armée israélienne qui a embauché depuis plusieurs années des autistes spécialisés dans le renseignement en exploitant leur capacité de perception des détails. Ces exemples sont assez exceptionnels, mais ils ont au moins le mérite d'exister et de montrer qu'avec un peu de volonté chacun peut trouver sa place.

Bien entendu, tous les autistes n'ont pas les mêmes aptitudes ni les mêmes intérêts, ils n'ont en commun qu'un ensemble de particularités sur la communication sociale et n'aiment pas tous la même chose. Si vous avez suivi le cours de notre pensée au fil de ces pages (et que nous nous sommes correctement exprimés), vous aurez compris qu'il n'y a pas un autisme mais des personnes toutes différentes, riches de leurs propres compétences. Nous avons évoqué l'idée que les personnes autistes étaient surreprésentées dans les professions de l'informatique et chez les ingénieurs, ce qui ne signifie pas que tous les autistes doivent devenir informaticiens ni que, parce qu'on est autiste, on aime forcément l'informatique ! La diversité s'exerce tant au niveau du fonctionnement neurocognitif (d'où l'idée de la neurodiversité) qu'au niveau de la diversité des goûts, des intérêts.

Les autistes célèbres qui ont fait de leur passion une profession

Les intérêts spécifiques rendent hyperexpert dans un domaine. Il y a peu, mon coauteur m'a invitée à un congrès rassemblant les plus grands experts de la psychiatrie afin de présenter un exposé s'intitulant « TSA, lever le voile sur le potentiel caché ». Passé les nombreuses interrogations sur mon aptitude à exposer quelque chose d'intéressant à tous ces grands médecins alors que je ne le suis même pas, je me suis demandé comment les amener à envisager sous un autre angle les troubles du spectre autistique. Je suis passée après plusieurs chercheurs qui exposaient leur point de vue du côté « handicap » en proposant des solutions d'amélioration (certes très utiles) sans forcément accepter les choses telles qu'elles sont. Bien entendu, je propose aussi des rééducations pour acquérir des compétences qui font défaut mais pas que… À l'instar de Ludovic Faucher[2], j'ai pris le parti de présenter des autistes célèbres réels ou imaginaires dont les intérêts leur ont permis d'être des hyperexperts.

L'une des plus célèbres autistes ayant fait de sa passion un métier est Temple Grandin. Cette Américaine est très connue pour ses ouvrages sur l'autisme mais également pour ses expertises en zootechnie à l'Université du Colorado et ses inventions pour améliorer les conditions d'élevage des animaux de « rente ». C'est à l'adolescence qu'elle découvre que les animaux lui apportent un réel bien-être et se passionne pour leur condition. En même temps, elle est très intéressée par la création de machine et inventera une « machine à câlins » qu'elle adaptera à l'animal. Son combat pour la reconnaissance du droit à la neurodiversité l'a rendue célèbre (avec toutes les évolutions intermédiaires depuis les années 1970 pour parvenir à ce concept), mais, de façon professionnelle, elle a réussi à faire de sa passion un atout majeur.

En France, il existe aussi des autistes qui ont fait de leur passion un métier. Josef Schovanec, qui a également écrit plusieurs ouvrages, présente un intérêt spécifique pour les langues et a développé des compétences exceptionnelles dans l'apprentissage des langues étrangères. Il est dit hyperpolyglotte, c'est-à-dire qu'il parle de très nombreuses langues, plus de sept, dont le persan, l'hébreu et l'amharique (langue de la famille des langues sémitiques majoritairement parlée en Éthiopie). Cette hypercompétence et son goût pour des langues particulières ont fait de lui un expert dans les études comparatives entre les religions et un traducteur averti, même s'il est plus connu pour son militantisme en faveur de l'autisme.

Il a d'ailleurs prononcé cette phrase : « Le fait d'être autiste n'est pas une déficience ou une maladie, c'est une forme de fonctionnement qui n'est ni plus ni moins pathologique que le fait d'être Japonais ou Coréen. On devrait être content qu'il y ait une diversité dans l'être humain ! »

La liste des autistes célèbres qui ont fait de leur intérêt leur métier est longue. Citons Stephen Wiltshire dont les capacités d'observation exceptionnelles lui ont permis d'être un artiste reconnu.

Oui, mais moi, ma petite dame, je ne suis pas Einstein ! Alors je fais quoi ?

Pas de panique, chacun peut trouver sa place. Il suffit d'y réfléchir un peu. Ce n'est pas parce que vous n'avez pas encore trouvé votre talent que vous en êtes dépourvu. Tout le monde a du talent, neurotypique et neuroatypique, il faut juste le découvrir. L'un de mes premiers patients avait 3 ans lorsque je l'ai rencontré. Son intérêt spécifique et très envahissant était pour les ampoules. Il collectionnait toutes celles qu'il trouvait et les observait pendant de longues minutes. Je n'avais jamais rencontré quelqu'un capable de trouver autant de modèles différents. En grandissant, son intérêt s'est étendu aux circuits électriques qui lui permettaient… d'allumer les ampoules. Il avait alors 8 ans. Il n'a jamais été très intéressé par l'école malgré ses compétences intellectuelles de très bonne qualité, la question de son orientation professionnelle s'est donc rapidement posée, car il ne pouvait pas accéder au lycée. Son choix s'est alors porté sur une formation d'électricien.

Parmi les adultes que je rencontre, ils sont nombreux également à s'orienter vers leur passion. Ils sont extrêmement pointus dans leur domaine, tel ce monsieur spécialiste des horaires de train reconnu pour ses compétences particulières dans ce domaine qui a trouvé sa place à la SNCF, ou cet autre monsieur spécialisé dans les ponts qui utilise son talent dans une entreprise de BTP.

J'ai rencontré deux jeunes filles dont les intérêts pour les Pokémon et les mangas les ont amenées à l'illustration. Nous avons déjà parlé de la jeune fille qui utilise ses compétences auditives dans le milieu du spectacle ou de cette patiente artiste peintre qui pour vivre fait de la peinture de décoration.

Entrepreneurs, tentez votre chance

Certaines entreprises ont bien compris l'intérêt d'exploiter le potentiel de la neurodiversité. Il y a quelques années une entreprise d'informatique allemande avait lancé un grand recrutement de personnes Asperger. Une autre assez connue pour ses imprimantes en recrute également régulièrement.

De par leurs particularités et leur goût pour les détails, ils sont capables d'être très méticuleux dans leur travail et sont capables de déceler des erreurs que d'autres n'auraient pas vues.

Leur pensée en réseau (cette pensée qui les fait passer d'une idée à l'autre par association sans forcément les organiser de façon hiérarchisée) leur permet de trouver des solutions originales auxquelles vous n'auriez pas forcément pensé.

Lorsqu'ils se passionnent pour ce qu'ils font, ils peuvent accumuler une grande somme de connaissances sur le sujet et ont souvent une mémoire importante des événements qui se sont déroulés dans l'entreprise. Le maintien de la culture de l'entreprise est d'une grande richesse lorsqu'il s'agit de former les nouveaux arrivants[3].

Vous pouvez leur faire confiance pour donner leur avis sincère et dénué de toute arrière-pensée sur un sujet (ce qui peut aussi être à vos risques et périls, mais il faut savoir être un aventurier) et leur non-conformisme peut être un vrai atout.

Cependant ces qualités ne doivent pas faire oublier qu'ils ont besoin de s'isoler de temps en temps pour récupérer des efforts sociaux et de communication qu'ils produisent. Ils ont besoin de prévisibilité et peuvent être déroutés par des demandes qui ne sont pas précises et objectives. N'hésitez pas à utiliser le télétravail de temps en temps afin qu'ils se reposent.

Certains milieux professionnels sont plus enclins à recruter des personnes Asperger, les domaines qui requièrent méticulosité, comme les métiers de l'ingénierie informatique ou du son, la traduction. Mais, comme on l'a vu, l'important est l'intérêt de chacun.

Une petite mise en garde cependant : qui dit intégrer ne dit pas exploiter. Une entreprise a eu l'idée d'embaucher des personnes Asperger dans les ressources humaines parce qu'elles sont moins enclines à exprimer des émotions en cas de licenciement. Cette entreprise n'a rien compris ! Ce n'est pas parce qu'on a un défaut de réciprocité émotionnelle que l'on est un psychopathe ! Les Asperger ne tireraient aucun bénéfice de ce type de situation ; au contraire ! Le but est qu'ils puissent exploiter leur potentiel, pas que les autres exploitent leurs faiblesses.

Le job coaching

Il n'est pas toujours évident d'intégrer une personne autiste dans son entreprise lorsqu'on n'est pas formé à cette particularité. Certains thérapeutes se sont spécialisés dans l'accueil des personnes avec trouble du spectre autistique dans l'entreprise au même titre que le *school coaching* que nous avons vu précédemment. Ils proposent une aide spécifique à l'accompagnement allant d'un système d'accompagnement individualisé avec un auxiliaire de vie professionnelle à simplement des conseils spécifiques pour permettre une meilleure communication entre employeur et employé.

L'intérêt est double : il permet, d'une part, à l'employeur de tirer parti au mieux des compétences de son employé sans risquer de le mettre dans une position inconfortable et, d'autre part, il permet à l'employé de ne pas mettre l'employeur dans une position inconfortable à son tour.

Un ingénieur des Ponts et Chaussées, brillant, avait été recruté dans une entreprise de BTP. Il y faisait un travail remarquable si bien que, rapidement, il a été promu et s'est retrouvé dans une position de chef d'équipe. Son incapacité à gérer une quinzaine de personnes s'est vite révélée un gros handicap et il a fini par perdre son emploi. L'entreprise s'est donc privée d'une compétence extrêmement intéressante car elle avait mis une personne Asperger à un poste qui ne pouvait lui convenir. À l'inverse, cette personne Asperger avait mis l'entreprise dans une position délicate en malmenant ses collaborateurs sans s'en rendre compte, et ceux-ci s'étaient plaints de cette situation.

L'intervention d'un coach aurait ici permis d'ajuster les demandes de chacun aux compétences de la personne Asperger.

Pour son poste suivant, ce monsieur a fait appel à un coach qui a pu l'aider à monter sa propre entreprise et à négocier avec ses partenaires. Il a gardé l'aspect technique du travail et laissé un membre de sa famille s'occuper des relations commerciales. Leur association gagnant-gagnant leur a permis de développer une petite entreprise florissante.

L'armée israélienne qui emploie des jeunes autistes dans son unité d'élite « Unit 9900 » exploite les talents d'observation visuelle et d'attention aux détails pour accroître ses analyses d'images satellitaires (entre autres). Le pays a mis en place un programme d'aide à l'intégration qui est dispensé au sein du lycée auprès des jeunes autistes qui seront amenés à intégrer le dispositif. Le programme de type *job coaching* et qui porte le nom de Ro'im Rachok est directement proposé en milieu scolaire pour préparer l'avenir (un service militaire de trois ans est obligatoire en Israël que ce soit pour les filles ou les garçons et s'effectue souvent après le lycée).

En France, de plus en plus d'associations de patients ou de professionnels proposent cette aide spécifique. Le *job coaching* (méthode anglo-saxonne à la base, d'où son nom) vise dans un premier temps à évaluer les compétences de la personne et les adaptations à mettre en place en fonction du poste visé. Dans un second temps, le coach va proposer des aides spécifiques avant la prise de poste, puis il pourra se déplacer pour ajuster au mieux les aménagements une fois en fonction. Cela implique la création de réseaux avec les DRH de grandes entreprises.

La fatalité n'est ainsi pas de mise dans l'intégration des personnes autistes dans le monde professionnel. Des solutions émergent et chacun peut trouver sa place.

CHAPITRE 10

Petit zoom sur les enfants et les ados

À présent que l'autisme n'a plus de secret pour vous, voici quelques petits conseils aux proches des enfants et des ados pour se rendre la vie plus facile.

Pour parent ou enseignant inquiet : deux ou trois choses à savoir

Parfois vous vous interrogez sur cet enfant étrange ou cet étudiant pas tout à fait comme les autres. Il a l'air si intelligent et pourtant il déroute tellement son entourage. Lors de la recherche d'un syndrome d'Asperger (ou d'un TSA si l'on se réfère à la classification américaine), les professionnels de santé vont chercher à savoir si l'enfant a des compétences sociales et émotionnelles en rapport avec ses compétences cognitives (compétences intellectuelles). La question est : est-il à l'aise avec ses camarades ?

L'enfant ayant un trouble du spectre autistique a des difficultés à comprendre comment jouer avec les autres enfants, il peut éviter leur contact, préférant s'isoler dans des lieux sécurisants comme la bibliothèque de l'école. Ou bien il peut rechercher le contact de manière inadaptée ; il va alors chercher à diriger les jeux, supportant mal que les autres ne se prêtent pas à ses règles. Il peut aussi proposer des jeux qui ne sont pas adaptés à son âge. J'ai le souvenir d'un patient ayant un intérêt spécifique pour les Pokémon et qui a eu beaucoup de mal à accepter que ses camarades de classe de première S ne souhaitent pas jouer aux cartes Pokémon pendant la récréation préférant discuter entre eux de l'organisation de leur prochaine soirée.

L'enfant n'a pas d'intérêt particulier pour les sports collectifs et souvent ne s'intéresse pas aux compétitions. Le football, qui anime des parties passionnées, ne lui procure aucun plaisir. Il ne comprend pas les règles de ces jeux collectifs dont le but paraît futile (mettre un ballon dans une cage, où est le plaisir ? !). Toutefois, certains patients adorent le sport et deviennent même intarissables sur le sujet. Mais, encore une fois, c'est le caractère inadapté de l'utilisation d'un thème qui met nos caméléons sociaux en difficulté. Connaître et discuter des montants exacts des différents transferts pendant le Mercato sur les dix dernières années n'est pas forcément facile à réutiliser en classe de cinquième…

Les personnes TSA sont également souvent peu sensibles à la pression de la mode et des codes vestimentaires qui régissent la vie des grands enfants et des adolescents alors que les garçons autant que les filles adoptent un uniforme propre à leur âge et à leur groupe d'amis. Ces codes vestimentaires sont très marqués au collège comme au lycée et les faux pas des jeunes Aspies peuvent conduire à des moqueries dont ils sont l'objet pendant longtemps.

> **« Monsieur le Président-Directeur général »**
>
> Le jour de la rentrée, Paul, 13 ans, intègre un nouveau collège. Il a eu des difficultés d'intégration dans son ancien établissement, se faisait malheureusement traiter d'« aristo » par ses camarades et ne parvenait pas à comprendre ce qui lui était reproché. Le voyant désespéré de ne pouvoir s'intégrer et souvent en conflit avec ses professeurs, ses parents décident de l'inscrire dans un établissement privé avec l'espoir que ses nouveaux camarades soient plus indulgents. Le jour de la rentrée arrive, Paul est enthousiaste à l'idée de démarrer une nouvelle année. La veille, il prépare soigneusement ses vêtements : choisit son plus joli complet trois-pièces avec la cravate assortie. Il veut être élégant pour ses nouveaux professeurs et faire bonne impression. Le lendemain, dès les premières minutes d'accueil, les autres commencent à l'appeler : Monsieur le Président-Directeur général. Ce surnom le suivra jusqu'en fin de troisième. Au début, Paul était attristé par ce surnom qu'il prenait pour une moquerie. Progressivement, les autres ont fini par s'habituer à son style vestimentaire qu'il assumait de plus en plus. Même s'il ne venait pas tous les jours en costume, il lui arrivait fréquemment de porter une cravate. Il a alors expliqué à ses camarades de classe, après quelques semaines de cours, qu'il avait un trouble du spectre autistique et qu'il pouvait effectivement faire des choses bizarres par moments. Il n'a jamais eu beaucoup de copains, mais les autres élèves sont restés bienveillants envers lui et son surnom est devenu sa petite marque de fabrique.

Le respect des codes qui régissent une conversation (tour de parole, écoute de l'autre, maintien d'un sujet de conversation, etc.) et les conventions sociales, est souvent aléatoire, voire impossible pour cet enfant, ce qui conduit les autres élèves à faire des commentaires inappropriés dont il ne perçoit pas le caractère inadapté. Professeurs, soyez indulgents si l'un de vos élèves vous réclame, à la fin du cours, la punition ou l'évaluation que vous aviez promise au groupe en début et que vous avez oubliée, ou bien s'il vous interrompt pour vous signaler que vous vous êtes trompé(e)s. Malgré ce rappel, continuez de l'avoir oubliée, cela évitera à notre caméléon de se faire détester par ses camarades à la fin de l'heure. Quant à vous, vous gagnerez sûrement un surcroît de popularité !

Les jeunes du spectre autistique sont ainsi souvent décrits comme manquant d'empathie, essentiellement parce qu'ils ne perçoivent pas les émotions de leur interlocuteur. Ils ne vont donc pas ajuster leur discours aux réactions de l'autre. En même temps, l'expression de leurs propres émotions peut être soit absente, soit discordante (ce qui ne signifie pas que l'enfant ne les ressent pas, mais l'expression de celles-ci est différente.) Ils vont alors manquer de nuances dans les différents niveaux d'expression ou utiliser une intensité qui n'est pas en rapport avec la situation rencontrée.

Ainsi, par exemple, un enfant peut se mettre à pleurer très fort dans des situations anodines ou, au contraire, rire à gorge déployée alors qu'il est effrayé. Non, ce n'est pas par manque d'empathie que votre élève a rappelé cette fameuse punition aux autres ou qu'il s'est mis à rire lorsque son camarade s'est blessé en cours de sport ; il a sûrement eu très peur pour lui, mais il n'est pas parvenu à analyser ses propres ressentis et a utilisé une expression émotionnelle qui n'était pas en rapport avec ce qui était attendu dans cette situation.

Il arrive également fréquemment que certaines personnes n'utilisent que très peu la motricité de leur visage pour exprimer leurs émotions. Ils paraissent indifférents à leur entourage et aux ressentis des autres. Il ne s'agit nullement d'un désintérêt, au contraire, l'analyse intellectuelle est très fine, mais ils ne peuvent tout simplement pas le faire. C'est une impossibilité physiologique. Il ne faut donc pas juger trop sévèrement cet élève qui paraît indifférent aux autres, à votre cours, et qui ne semble pas sensible à votre poème préféré.

Les personnes du spectre autistique ne sont ni des psychopathes ni des sociopathes, elles sont sensibles aux autres pourvu qu'on leur donne les moyens d'analyser ce qui se déroule devant leurs yeux. Régulièrement, certains patients sont bouleversés par des situations qu'ils ont vues ou vécues mais, ne parvenant pas à exprimer leurs ressentis réels ou à les reconnaître, ils s'en trouvent d'autant plus mal.

L'utilisation d'un langage adapté

Comme nous l'avons vu, les personnes du spectre autistique se montrent en difficulté face à l'utilisation de la *pragmatique du langage*. La compréhension des sous-entendus et de l'ironie peut être très fragile et conduire à des contresens occasionnant des conflits tant dans le milieu scolaire qu'à la maison avec les parents. Pour autant, cela ne doit pas interdire à l'entourage d'utiliser un langage imagé, ou de faire preuve d'humour ou de sous-entendus, mais ceux-ci doivent être utilisés avec parcimonie et surtout ces paroles auront certainement besoin d'une explication.

Il est donc recommandé aux familles ou aux accompagnants des enfants d'utiliser un langage simple et concret qui ne fasse pas appel à des images mentales trop complexes afin d'être sûrs d'être bien compris. Il est également nécessaire de ne donner qu'une information à la fois car l'enfant se montre en difficulté pour hiérarchiser les demandes complexes et peut ne pas savoir par où commencer. Il préférera alors ne pas répondre à la demande que de risquer de se tromper, ce qui va à nouveau engendrer un comportement peu adapté à la situation et conduire à des malentendus où la famille ou les enseignants ont l'impression que l'enfant est de mauvaise volonté et s'oppose à leurs demandes.

La rééducation orthophonique est-elle utile ?

La réponse est sans hésitation : oui ! Les enfants du spectre autistique ont souvent des aptitudes verbales particulièrement développées avec un stock lexical très important qu'ils utilisent avec un plaisir non dissimulé. Néanmoins, ce langage n'est pas toujours adapté à la communication ou bien il présente des particularités qui nécessitent une rééducation pour être fonctionnel.

La rééducation orthophonique des troubles de la communication sociale suppose une formation particulière de la part du thérapeute. Elle vise plusieurs domaines distincts :

• Le versant expressif de la communication qui se caractérise par :

– un travail sur l'intonation de la voix, l'utilisation d'une prosodie adaptée au discours ;
– une initiation plus spontanée de la parole ; les personnes TSA ayant souvent une incitation verbale (prise de parole spontanée, elles se contentent de répondre aux questions) pauvre et lente.

- Le versant réceptif avec un travail sur la compréhension des indices dans le discours, mais également un travail sur le langage élaboré (sur les métaphores par exemple).
- Et surtout le versant pragmatique (encore lui) qui permet d'identifier les intentions communicatives des interlocuteurs ainsi que les indices non verbaux émis par un locuteur et permettant une compréhension du discours. Cette partie permet également d'aider à identifier le contexte dans lequel est émis un message.

Les particularités du langage

Nous l'avons précisé, les personnes TSA se distinguent souvent par un langage pédant avec une utilisation adultomorphe (l'enfant parle comme un adulte, voire comme une personne du XIXe siècle ou un présentateur de télévision), du vocabulaire qui évoque un fonctionnement intellectuel de très haut niveau.

La prosodie (utilisation de la modulation de la voix dans une phrase) est particulière avec un ton qui peut être monocorde, maniéré ou simplement mal ajusté au style de la phrase. D'un pays à un autre, nous n'utilisons pas tous les accents toniques de la même façon. Les professeurs d'anglais font beaucoup d'efforts pour enseigner aux petits Français les nuances de rythme de la langue de Shakespeare. L'accent londonien est d'ailleurs souvent difficile à imiter et très différenciable de l'américain new-yorkais. Au sein d'une même langue nous n'utilisons pas tous la prosodie de la même façon, les Québécois ne mettent pas l'intonation au même endroit que les Parisiens qui eux-mêmes ne les mettent pas au même endroit que les Marseillais. La prosodie est donc éminemment culturelle et sociale.

Revenons à nos caméléons. Les particularités de leur utilisation de la prosodie sont souvent très marquées et doublées d'un langage très soutenu qui fait la fierté du professeur de français. Votre élève s'exprime dans un langage châtié, fait les liaisons, utilise parfaitement la négation et ne saurait s'aventurer à employer des mots familiers, voire grossiers. Il possède donc des compétences extraordinaires dans ce domaine.

« Je suis bien aise de vous rencontrer »

Jonathan est amené en consultation à l'âge de 13 ans alors qu'il est déjà en classe de seconde, et ce, parce qu'il est assez isolé socialement, ce qui inquiète ses parents. Il a passé un test de QI lorsqu'il était en CP car son institutrice le trouvait très en avance. Il a alors obtenu un « diagnostic » d'enfant précoce. Mais la précocité intellectuelle n'est pas une pathologie, elle ne devrait pas être « diagnostiquée » mais plutôt constatée. Les particularités d'intégration sociale à l'école de Jonathan ont ainsi toujours été mises sur le compte de son avance. Il a sauté la classe de CE1 puis la classe de CM1, mais ses difficultés sociales ont persisté et son langage est devenu de plus en plus soutenu au fur et à mesure des années. Son maniérisme est tel que ses parents ne comprennent pas pourquoi il se donne un tel genre. Lorsque le trouble du spectre autistique est évoqué avec Jonathan et ses parents, ceux-ci comprennent mieux ce qui se passe. Étant donné qu'il s'isole souvent dans la cour de récréation et passe son temps au CDI à collectionner des informations sur l'histoire, il est proposé une rencontre avec l'équipe enseignante. Le professeur de français et celui d'histoire n'avaient alors rien remarqué d'étrange, ils trouvaient au contraire leur nouvel élève

particulièrement poli et s'exprimant avec une aisance qu'ils avaient rarement rencontrée. Au contraire, le professeur de sport qui voit les élèves dans une situation bien plus informelle que ses collègues, avait tout de suite perçu le caractère étrange du langage de notre ami. Jonathan ne se contentait pas de se montrer poli et ne faisait pas un effort particulier uniquement pendant les cours de français et d'histoire. Il utilisait ce langage dans toutes les situations de la vie quotidienne. Il n'a jamais dit un gros mot ou un mot familier. D'ailleurs cet exercice lui coûte beaucoup lors des groupes d'entraînement aux habiletés sociales. Lorsqu'on travaillait sur les conversations en cours de récréation, il s'arrangeait de la consigne en utilisant des mots souvent désuets. « Saperlipopette » remplaçait alors le « Put... » de ses camarades de classe. Mais victoire ! il avait accepté de remplacer « Je suis bien aise de te revoir » par un « Salut, ça va ? » le matin lorsqu'il arrivait au lycée ce qui lui a facilité la vie et évité des moqueries.
Jonathan a brillamment réussi l'examen du baccalauréat, il se lance dans des études universitaires d'histoire. Au premier semestre, il a obtenu les meilleurs résultats de sa promotion.

Tout est dans le style

Les particularités comportementales et langagières rapportées précédemment conduisent à un style particulier de communication sociale qui se caractérise par le fait que les caméléons disent ce qu'ils pensent quel que soit le contexte, ils sont donc extrêmement fiables lorsqu'on leur demande leur avis sur un sujet. Vous prenez le risque de vous faire dire que votre nouvelle coupe de cheveux est affreuse, mais serez assuré d'un avis objectif qui vous évitera le ridicule de vous présenter avec un brushing démodé devant une assemblée.

Ils sont capables de maintenir un monologue sur des sujets qui les intéressent sans utiliser les règles de tour de parole de la communication verbale, vous pourrez tout connaître de l'Égypte des pharaons, ce qui n'est pas dénué d'un certain intérêt !

Ils peuvent maintenir une opinion quels que soient les arguments qui leur sont opposés et malgré les contradictions objectives. Mais au moins ils ne risquent pas de retourner leur veste à chaque nouvelle élection.

Ils sont très attachés aux détails et ne perçoivent pas forcément l'ensemble d'une situation, ce qui leur permet de percevoir des éléments que les autres ne perçoivent pas.

Enfin, en amitié ils recherchent des relations duelles, sincères et souvent exclusives car ils sont en difficulté avec le groupe. Leur loyauté envers leurs amis est ainsi sans faille. L'hypocrisie n'a pas sa place.

Sur le plan cognitif, les personnes présentant un syndrome d'Asperger ont souvent des compétences verbales bien supérieures à leurs compétences non verbales, nous l'avons vu. Ils peuvent être très prolixes (c'est-à-dire qu'ils parlent sans cesse) et développer des talents particuliers (je pense notamment à cette femme écrivain français qui porte souvent un rouge à lèvres écarlate.)

Leurs intérêts peuvent être restreints et non socialement adaptés (par exemple la couleur des fauteuils du métro, un intérêt développé pour certaines périodes de l'histoire peu communes quand leurs pairs s'intéressent aux dinosaures) et pour lesquels ils accumulent des connaissances encyclopédiques. Ils deviennent donc hyperexperts, ce qui est de grande valeur dans certaines professions.

Néanmoins, ils peuvent connaître des difficultés dans la hiérarchisation des informations avec une tendance à s'attacher aux détails plutôt qu'à un ensemble conduisant à une perception du monde juste mais peu commune.

Par ailleurs, leur gestion compliquée du temps et de l'espace implique un besoin de routine et de maintien de l'ordre établi.

D'autres particularités peuvent également être observées chez les jeunes Aspies :

- une certaine sensibilité, voire une intolérance sensorielle à certaines stimulations environnementales (sons, lumières, odeurs…) ;
- leur coordination motrice est fragile et touche autant la motricité fine que la motricité globale ; l'enfant écrit mal, voire extrêmement lentement, alors qu'il peut avoir des compétences très développées pour le dessin. Il ne faut pas hésiter à proposer l'utilisation de l'ordinateur en classe ce qui soulage des efforts consentis au graphisme ;
- la course est peu coordonnée et la tenue générale de la personne manque de tonicité ou au contraire est excessivement raide. L'enfant peine à attraper un ballon et réagit à contretemps. Cette information est très utile pour l'enseignant de sport qui peut alors adapter sa demande ;
- des stéréotypies peuvent être observées (mouvements répétés plus ou moins complexes) avec des battements de mains, des balancements du tronc, etc. ainsi que des tics moteurs.

Apprendre à (se) récompenser

Les renforçateurs positifs ou paroles d'encouragement ou de félicitation peuvent être utilisés avec tous les enfants de manière générale. Il est d'autant plus important de les utiliser avec des enfants qui fonctionnent mal aux récompenses sociales. Les récompenses doivent tenir compte des intérêts de l'enfant qui peuvent être très spécifiques chez les enfants Asperger, mais également tenir compte de l'âge (il est inutile d'utiliser des images avec des adolescents, l'utilisation d'un matériel adapté est indispensable et ce d'autant plus que l'on cherche une adaptation sociale).

On peut proposer de donner des bonshommes qui sourient à un jeune enfant ou une grille de mots croisés à un enfant plus vieux s'il aime jouer avec les mots.

D'autres adaptations peuvent être nécessaires et sont propres à l'expression des difficultés de chaque enfant. Il ne faut pas hésiter à demander de l'aide à un psychologue spécialisé qui saura adapter des recommandations générales à chaque personne.

Par exemple, dans le cas d'un petit garçon intolérant aux grands groupes, il a été nécessaire d'adapter le temps de cantine qui était trop pénible pour lui. Il a été proposé qu'il déjeune à une petite table avec seulement deux autres enfants, car ainsi il parvenait mieux à gérer les petits groupes alors que les tables de cantine se composent habituellement d'un groupe de huit.

Le respect des règles

La loyauté et le respect des règles constituent sûrement la qualité la plus affirmée que l'on peut rencontrer chez certaines personnes du spectre autistique. Ces convictions absolues peuvent d'ailleurs conduire à des problèmes sociaux. L'adolescence, par définition, est LA période de la transgression. Nos ados se construisent dans la recherche de limites et font des expériences qui nous paraissent, à nous adultes, assez effrayantes par moments. Certaines règles sont tacites (elles sont plus difficiles à respecter pour nos caméléons sociaux) mais d'autres sont écrites. Le règlement de l'école que signent l'élève et sa famille en début d'année fait partie de ces règles écrites qui ne doivent normalement pas être transgressées du point de vue de l'adulte, mais il en est autrement pour l'adolescent.

« Attention, Je vais l' dire ! »

Yassin est un lycéen brillant qui fait la fierté de ses enseignants et de ses parents. Il est très poli, obtient des résultats exceptionnels, fait ses devoirs sans jamais oublier de rendre son travail, apprend ses leçons, etc. Il est par définition un élève parfait... ou presque. Il n'a pas beaucoup d'amis, ne semble pas réellement en souffrir, mais s'interroge souvent sur l'attitude de certains envers lui. Bien entendu, il ne peut être ami qu'avec un élève aussi respectueux que lui du règlement et obtenant de très bons résultats scolaires. Il refuse catégoriquement de parler aux élèves qu'il nomme « j'en-foutistes » et refuse avec encore plus de véhémence d'être leur ami. Un jour qu'il se rend aux toilettes entre deux cours, il tombe nez à nez avec deux camarades qui ont allumé une cigarette. Il va alors se lancer dans une tirade sur le respect du règlement intérieur de l'école (l'idée que le tabac est mauvais pour la santé n'entre pas en ligne de compte dans cette situation). La morale est de courte durée car les deux autres lui proposent gentiment (attention lecteur, ceci est un sarcasme) « de se mêler de ses affaires ». Mais Yassin est outré, il ne parvient pas à comprendre que l'on puisse transgresser de la sorte le règlement. Il se précipite donc au bureau de la CPE et dénonce l'ignominie dont il a été le témoin. La CPE qui le reçoit, le remercie de sa sollicitude lui assurant qu'elle s'occupera de cette affaire. Bien entendu, nos deux fumeurs seront punis pour leur méfait. Ils iront alors demander à Yassin pourquoi il les a dénoncés alors qu'il n'était pas concerné. Le trouble du spectre autistique de notre ami est bien connu au lycée, il n'en est pas à son premier coup d'essai, les autres sont certes furieux et auront une explication musclée avec lui mais n'iront pas plus loin. Un petit groupe d'entraînement aux habiletés sociales lui permettra de mieux comprendre pourquoi ses camarades lui en veulent autant alors que selon lui il n'avait fait que les aider à respecter le règlement. Il sait maintenant qu'il ne doit dénoncer que les dangers immédiats au risque d'être socialement malmené. Mais par moments, le fait de se taire lui coûte une énergie phénoménale. Tout comme notre « dénonceur » d'oubli de punition que nous avons rencontré plus haut.

Repérer pour mieux aider, l'exemple d'Antoine

Antoine est scolarisé en classe de CE1 dans l'école de son quartier lorsqu'il est amené en consultation. Il présente des difficultés d'apprentissage dans certaines matières scolaires comme les mathématiques alors qu'il est très performant dans l'acquisition de la lecture, maîtrisée depuis le début de la moyenne section de maternelle. L'enfant ne semble pas avoir d'avis critique sur son échec. Il n'a pas de perception des difficultés et comprend mal pourquoi il est adressé en consultation.

Le motif initial de consultation se situe autour d'une phobie des oiseaux qui est devenue suffisamment invalidante pour altérer les sorties d'Antoine notamment pour se rendre à l'école ou dans la cour de récréation, car des oiseaux y viennent régulièrement. Il a aussi des attaques de panique importantes en présence d'insectes volants et de mouches en particulier.

Lorsqu'il était petit, sa mère avait noté d'importantes colères apparues assez tôt avec des difficultés à s'endormir dès l'âge de 6 mois et un refus de rester seul.

L'entrée en maternelle a été très difficile avec beaucoup de pleurs aux moments de la séparation, comme après le déjeuner au moment de retourner à l'école. Ensuite le reste de la journée se déroulait calmement.

Actuellement, Antoine a tendance à s'isoler dans la classe mais il parvient à avoir des « copains » sur les heures de soutien dans des situations de très petits groupes (trois enfants maximum). Il reste réservé et ne répond pas toujours aux autres enfants qui s'adressent à lui.

Il est peu réactif aux émotions d'autrui, et ce, depuis la toute petite enfance avec une perception émotionnelle qui reste fragile et qui oblige sa mère à utiliser une expression très franche pour se faire comprendre. Elle a ainsi développé spontanément des stratégies pour lui faciliter la compréhension émotionnelle. Par contre, elle décrit une bonne attention à l'autre avec un désir de bienveillance très développé vis-à-vis de sa petite sœur avec laquelle il est très prévenant.

Lorsqu'il est en présence d'enfants du même âge que lui, il dit avoir très envie de jouer avec eux mais ne sait pas comment faire. Il va alors se montrer maladroit et engager la conversation sur des sujets qui n'intéressent pas ses camarades en leur faisant un cours très érudit sur les batailles de Napoléon Ier. Les enfants se détournent donc assez vite.

L'humour et le second degré ne sont pas compris, même s'il aime bien rire et qu'il apprécie les blagues franches.

Antoine ne parvient pas à faire des demandes adaptées et facilement compréhensibles pour son entourage. Il est capable de se fâcher si ses proches ne comprennent pas rapidement ce qu'il veut. Les aptitudes de communication sociale sont fragilisées, il fait rarement le premier pas et attend que les autres s'adressent à lui.

La prosodie (ou mélodie de la voix) est assez particulière chez Antoine avec des intonations en inadéquation avec la prosodie classique d'un enfant de 7 ans, il semble parler comme un présentateur de journal télévisé.

Le bilan montre un quotient intellectuel hétérogène avec d'excellentes aptitudes de compréhension verbale qui se situent dans la zone très supérieure. A *contrario*, les résultats montrent une altération de sa perception des sensations du monde qui l'entoure, des difficultés d'analyse et de synthèse et une façon d'appréhender le monde essentiellement au travers des petits détails (souvenez-vous des difficultés de hiérarchisation des informations qui sont rencontrées à cause de l'hyperconnectivité du cerveau) qui n'est pas celle classiquement attendue.

Les épreuves spécifiques de recherche de déficit de communication sociale montrent qu'Antoine repère bien l'usage du faire semblant, il est parfaitement capable de repérer la plaisanterie et l'utilisation d'un mensonge simple, mais vient pas forcément à expliciter les raisons de l'emploi de ce type de comportement (pour éviter une punition par exemple).

Par contre, l'utilisation du « pieux mensonge », c'est-à-dire du mensonge utilisé dans le but de ne pas blesser l'autre est très difficile à comprendre pour lui.

Antoine a une compréhension intellectuelle des métaphores, mais il ne perçoit pas bien l'intérêt de celles-ci et ne comprend pas toujours dans quel cadre elles doivent être utilisées. L'ironie franche est par contre bien perçue et comprise.

Il peut décrire les émotions franches (joie, tristesse, colère...), mais se montre plus en difficulté sur les émotions secondaires (agacement, soulagement, mécontentement...) ainsi que dans la gestion de leurs nuances d'expression et d'intensité (dans la limite de ce qui est attendu à 7 ans). Antoine ne perçoit pas réellement les liens sociaux et familiaux (qui est la maman, la sœur, le frère dans les histoires proposées au cours du test). Il ne comprend pas bien les implications dans l'analyse des situations d'interactions sociales, car il ne perçoit pas les indices des différentes scènes qui lui sont soumises (il ne perçoit pas le gros ventre de la maman qui évoque une grossesse par exemple).

Les capacités de compréhension sociale sont donc fragiles, mais il peut retrouver des réponses grâce aux indices qui lui sont donnés.

La cohérence centrale (voir chapitre sur l'hyperconnectivité du cerveau) est mise à mal, les détails étant mieux investis que la scène sociale présentée.

La capacité spontanée de prêter à l'autre une intention est fragile, mais il va la compenser par une analyse intellectuelle.

Les aptitudes de réciprocité émotionnelle (souvenez-vous, c'est cette capacité de prêter à l'autre une émotion en fonction de ce que vous dites) ne sont pas forcément spontanées, mais l'enfant peut utiliser son raisonnement intellectuel pour comprendre la situation lorsqu'il est aidé par des questions (il faudra pointer les images avec les détails pertinents et interroger l'enfant en orientant les questions du genre : « Tu ne penses pas que la petite fille est inquiète parce que sa maman attend un bébé ? »).

En fin de compte, Antoine présente des difficultés d'adaptation sociale et a du mal à imaginer ce que les gens ressentent dans certaines situations. Il est assez maladroit dans sa relation aux autres au sein du groupe. Tout ce qui est sous-entendu, non dit de façon explicite n'est pas toujours bien compris. Les éléments observés et ceux rapportés par la famille dans l'enfance et dans la vie quotidienne évoquent un trouble spécifique de la communication sociale de type syndrome d'Asperger. Ce diagnostic va être essentiel dans la suite de la prise en charge notamment de sa phobie qui résiste aux thérapies comportementales pourtant très efficaces habituellement (et reconnues pour cela). Il faudra adapter l'intervention thérapeutique à son fonctionnement particulier. Dialoguer avec les enseignants permettra aussi une meilleure intégration et une adaptation des exigences de l'enseignement. La reconnaissance du syndrome d'Asperger permettra qu'Antoine ne soit plus considéré comme un incompétent dans certains domaines mais plutôt comme un enfant qui possède ses propres ressources. Les enseignants se sont sentis moins démunis et moins incompétents acceptant l'idée qu'il ne suivrait jamais un parcours classique et qu'il fallait juste faire avec.

À l'école

Lorsque l'enfant peut suivre une scolarité seul, les aménagements visent essentiellement à informer les enseignants sur le syndrome. Les particularités de la communication sociale peuvent entraîner un comportement auquel l'enseignant ne s'attend pas et auquel il ne saura pas forcément s'adapter. Une information est de ce fait essentielle. L'Éducation nationale offre des formations spécifiques pour les enseignants qui reçoivent un enfant avec trouble du spectre autistique dans leur classe. Un guide a également été édité et regroupe une quantité d'informations très intéressantes : http://media.education.gouv.fr/file/ASH/57/5/guide_eleves_autistes_130575.pdf.

Lorsque l'enfant a besoin d'une aide, il existe un dispositif d'auxiliaire de vie scolaire. Celui-ci peut être mis en place avec un système d'accompagnement spécialisé que l'on nomme *school coaching*. De nombreuses associations de parents aident les familles à mettre en place ce système. Il a l'avantage d'offrir un accompagnement très spécifique qui permet d'optimiser l'intégration scolaire et d'accroître le pronostic de réussite.

Cette méthode d'intégration en milieu scolaire ordinaire peut être mise en place dès l'école maternelle, grâce à la présence d'un accompagnateur aux côtés de chaque enfant. Cet accompagnateur (guide d'intégration) est formé et supervisé par un psychologue référent pendant toute la durée d'accompagnement.

Les premiers programmes d'intégration des personnes autistes ont commencé dès 1965, aux États-Unis, dans le but d'éduquer ces personnes. Puis on observe une généralisation progressive de ces interventions sur le continent nord-américain. En France, le dispositif s'amorce sous l'impulsion des associations de parents d'enfants autistes au début des années 2000. Il se généralise grâce à la loi du 11 février 2005 « Pour l'égalité des droits et des chances… des personnes handicapées ». Ces évolutions marquent une réelle évolution dans les mentalités avec l'idée que les personnes autistes ont besoin d'un accès à l'éducation et non pas uniquement aux soins.

Il s'agit dès lors d'une démarche thérapeutique globale qui implique certes l'apprentissage scolaire mais également la rééducation des troubles de la communication sociale dans la mesure où les enfants fréquentent un milieu ordinaire éminemment social. Le milieu ordinaire est donc le meilleur environnement pour qu'un enfant Asperger soit stimulé et progresse. De plus une confrontation à la socialisation de manière précoce évite le surhandicap qui peut conduire à une exclusion précoce, alors que les personnes du spectre autistique peuvent prétendre à une intégration professionnelle et offrir leurs compétences au monde professionnel.

Ainsi, les enfants Asperger, ou du spectre autistique de manière plus globale, n'apprennent pas spontanément de leur environnement mais sont capables d'apprendre avec de l'aide.

Il est alors nécessaire de mettre en place un cadre très structuré qui permet un accès à des conditions maximales pour acquérir des compétences adaptées à la communication avec les neurotypiques. La scolarisation accroît les connaissances et permet d'avoir accès par la suite à des formations professionnelles. Cet aspect est d'autant plus important que les personnes Asperger peuvent posséder des compétences très développées dans certains domaines comme nous l'avons vu précédemment.

Les objectifs à plus court terme de l'intégration scolaire sont un peu différents en fonction du profil des enfants. Mais de manière générale, elle vise à :

– faciliter le dévelopement social en travaillant sur l'attention aux autres, l'attention conjointe (observation et intérêts partagés pour un même sujet), l'utilisation du regard de manière adaptée, ou encore les relations avec les pairs. Elle doit aider à l'enseignement des règles de conduite sociale ;
– aider au développement émotionnel et affectif en travaillant sur la perception de soi et de son propre comportement au regard des autres enfants. La compréhension des émotions et des états affectifs des autres enfants peut être étudiée dans l'environnement habituel, hors du milieu scolaire ;
– développer la communication en apprenant à utiliser le langage de manière adaptée mais également en travaillant sur le langage écrit.

Les interventions de l'accompagnant (la personne se trouvant aux côtés de l'enfant) visent à adapter ou à reprendre les consignes collectives ou individuelles de manière à ce qu'elles soient bien intégrées par l'enfant en les reformulant de diverses façons et en illustrant au besoin. Cet accompagnant est un soutien aux apprentissages, qui aide l'enfant à focaliser son attention sur ce qui est demandé par l'enseignant sans se laisser disperser par des activités qui ne sont pas en rapport avec l'activité proposée (comme on l'a vu avec les problématiques des hiérarchisations de l'information). Il va ainsi aider l'enfant à réguler son activité en initiant les tâches au moment où elles doivent être faites mais également en l'aidant à ne pas s'y attarder trop longtemps. Il peut être aussi nécessaire d'aider l'enfant à respecter les règles de vie de la classe, les tours de parole, les droits et les obligations des élèves, etc. Ces aides visent essentiellement à ce que l'enfant acquière le plus d'autonomie possible dans sa scolarité.

Un petit carnet est proposé par exemple à l'enfant. Il regroupe les règles de la classe, soit de manière écrite, soit avec des pictogrammes qui sont montrés à l'enfant au moment où il en a besoin.

Conclusion

Il est impossible de donner des conseils exhaustifs sur comment se comporter avec une personne à l'intelligence atypique car les gens sont tous très différents. Ce qui va fonctionner pour l'un ne va pas forcément fonctionner pour l'autre. Accepter la neurodiversité c'est également accepter que chaque être est unique. Nous dessinons les grands contours de ce que l'on appelle l'autisme et chacun pourra trouver – espérons-le – un conseil qui lui convient.

Pour les proches neurotypiques

La chose la plus importante à faire est de déculpabiliser. Vous l'aurez compris, cette forme d'autisme est difficile à saisir. Vous allez faire des erreurs, ne pas voir venir une crise, ne pas sentir un mal-être. Vous n'allez pas comprendre certaines passions, certains comportements. Ce n'est pas grave, continuez d'essayer.

Négociez ce qui peut l'être (un minimum de temps passé ensemble, par exemple, mais sur un temps très court au début, par exemple dix minutes au repas).

Acceptez ce qui ne peut être négocié (l'hypersensorialité et l'agression qu'elle peut représenter, le besoin de temps de solitude sans sollicitations, les résidus de stéréotypies, le fait que les faux pas sociaux ne disparaîtront jamais complètement et que ce n'est pas l'essentiel).

Comportez-vous logiquement, fixez des règles immuables et respectez-les vous-mêmes autant que faire se peut. Bien entendu vous n'allez pas toujours y parvenir. Ce n'est pas grave, vous pouvez aussi expliquer que vous ne parvenez pas à faire certaines choses.

En termes d'objectifs d'autonomie, ne mettez la barre ni trop haut (objectifs comportementaux ou scolaires irréalistes rigides qui peuvent confronter la personne à l'échec à répétition) ni trop bas (avec le risque de sortie du système, repli sur soi, absence de tout effort, isolement) : ajustez-la en fonction de l'évolution et soyez patients, n'hésitez pas à vous faire aider par des professionnels et n'hésitez pas à essayer plusieurs méthodes.

Mettez au centre et au-dessus de tout le bien-être de votre proche, le reste est secondaire. Soyez positifs et soutenants, même sur des progrès tout à fait minimes (évitez par contre de souligner tout ce qui ne va pas ou d'être hypercritiques).

Reposez-vous et faites-vous aider car ce que vous faites est épuisant !

Pour les neuroatypiques

N'essayez pas d'être un neurotypique, cela ne fonctionnera jamais. Acceptez d'être différent et comme disait ma patiente d'« être normal pour un Asperger ». Vous ne traitez pas les informations comme tout le monde, ce qui provoque une certaine détresse mais fait de vous un être à part. Votre intelligence est différente, ce qui ne signifie pas moins bonne. On ne peut avoir un cerveau hyperconnecté avec un système de pensée exceptionnel sans en payer le prix. Tout a un coût. Être autiste/Asperger/TSA n'est pas une maladie, c'est juste avoir un autre système de pensée qui peut être handicapant à certains moments et fatigant.

Acceptez donc de vous faire aider lorsque cela devient difficile et d'apprendre deux ou trois trucs utiles pour vivre au milieu des neurotypiques car, à moins de vivre en ermite, vous ne pourrez pas vivre sans eux.

Acceptez de ne pas tout savoir et acceptez aussi que votre entourage ne sache pas tout. Continuez à être indulgent, les neurotypiques ont cent ans d'idées préconçues à oublier…

« Amis de la neurodiversité », à bientôt[1].

Échelle de dépistage des troubles du spectre autistique (traduit et adapté d'après « Ritvo autism and Asperger diagnostic scale-revised » ou « RAADS-14 » par Eriksson *et al.*, 2013).

Échelle RAADS-R	**Réponses (entourer les bonnes réponses et additionner les points obtenus)**			
Questions	**0**	**1**	**2**	**3**
1. Il m'est souvent difficile de comprendre comment les autres se sentent quand nous parlons.	Jamais vrai	Vrai seulement quand j'étais jeune	Vrai seulement maintenant	Vrai maintenant et quand j'étais jeune (avant 16 ans)
2. Certaines textures ordinaires qui ne dérangent pas les autres semblent très désagréables quand elles touchent ma peau.	Jamais vrai	Vrai seulement quand j'étais jeune	Vrai seulement maintenant	Vrai maintenant et quand j'étais jeune (avant 16 ans)
3. Il m'est très difficile de travailler et de fonctionner en groupe.	Jamais vrai	Vrai seulement quand j'étais jeune	Vrai seulement maintenant	Vrai maintenant et quand j'étais jeune (avant 16 ans)
4. Il est souvent difficile de comprendre ce que les autres attendent de moi.	Jamais vrai	Vrai seulement quand j'étais jeune	Vrai seulement maintenant	Vrai maintenant et quand j'étais jeune (avant 16 ans)
5. Souvent, je ne sais pas comment agir dans des situations sociales.	Jamais vrai	Vrai seulement quand j'étais jeune	Vrai seulement maintenant	Vrai maintenant et quand j'étais jeune (avant 16 ans)
6. Je peux discuter et faire la conversation avec les gens.	Vrai maintenant et quand j'étais jeune (avant 16 ans)	Vrai seulement maintenant	Vrai seulement quand j'étais jeune	Jamais vrai

Échelle RAADS-R	Réponses (entourer les bonnes réponses et additionner les points obtenus)			
Questions	**0**	**1**	**2**	**3**
7. Quand je me sens submergé(e) par mes sens, je dois m'isoler pour me calmer.	Jamais vrai	Vrai seulement quand j'étais jeune	Vrai seulement maintenant	Vrai maintenant et quand j'étais jeune (avant 16 ans)
8. Comment se faire des amis et socialiser est un mystère pour moi.	Jamais vrai	Vrai seulement quand j'étais jeune	Vrai seulement maintenant	Vrai maintenant et quand j'étais jeune (avant 16 ans)
9. Lorsque je parle à quelqu'un, j'ai du mal à savoir quand c'est à mon tour de parler ou d'écouter.	Jamais vrai	Vrai seulement quand j'étais jeune	Vrai seulement maintenant	Vrai maintenant et quand j'étais jeune (avant 16 ans)
10. Parfois, je dois me boucher les oreilles pour bloquer les bruits douloureux (comme le bruit d'un aspirateur ou de gens qui parlent trop ou trop fort).	Jamais vrai	Vrai seulement quand j'étais jeune	Vrai seulement maintenant	Vrai maintenant et quand j'étais jeune (avant 16 ans)
11. Il peut être très difficile pour moi de suivre les mouvements du visage, de la main et du corps de quelqu'un lorsque nous parlons.	Jamais vrai	Vrai seulement quand j'étais jeune	Vrai seulement maintenant	Vrai maintenant et quand j'étais jeune (avant 16 ans)

Échelle RAADS-R	Réponses (entourer les bonnes réponses et additionner les points obtenus)			
Questions	**0**	**1**	**2**	**3**
12. Je me concentre sur les tout petits détails plutôt que sur l'ensemble ou sur l'idée générale.	Jamais vrai	Vrai seulement quand j'étais jeune	Vrai seulement maintenant	Vrai maintenant et quand j'étais jeune (avant 16 ans)
13. Je prends les choses trop à la lettre, de sorte que souvent je ne comprends pas ce que les gens essaient de dire (notamment quand ils font de l'ironie).	Jamais vrai	Vrai seulement quand j'étais jeune	Vrai seulement maintenant	Vrai maintenant et quand j'étais jeune (avant 16 ans)
14. Je deviens très contrarié(e) quand la façon dont j'aime faire les choses est soudainement changée.	Jamais vrai	Vrai seulement quand j'étais jeune	Vrai seulement maintenant	Vrai maintenant et quand j'étais jeune (avant 16 ans)
Totaux				
Résultat______________/42				

Interprétation (ce test de dépistage est indicatif et ne remplace pas un vrai diagnostic médical) : un score > 14 évoque l'existence de difficultés dans les interactions sociales fines que l'on peut retrouver (entre autres mais pas que) dans les troubles du spectre autistique (y compris le syndrome d'Asperger). Si ces difficultés créent de la souffrance et font que les autres vous rejettent, nous vous conseillons d'en discuter avec votre médecin et de lui montrer ce questionnaire. Il vous orientera sans doute vers un psychiatre ou un centre expert.

Notes

Préambule

1. Personnage de la série américaine *Esprits criminels* (créée par Jeff Davis).
2. Personnage de la série américaine *The Big Theory* (créée par Chuck Lorre et Bill Prady).
3. Personnage de la série américaine *Star Trek* (créée dans les années 1960 par Gene Roddenberry).
4. Johns Hopkins University Bloomberg School of Public Health, « US autism rate up 15 percent over two-year period : Researchers say racial and ethnic disparities are narrowing », *Science Daily*, 26 avril 2018.

PREMIÈRE PARTIE
Pas comme les autres

1. Einstein A., *Comment je vois le monde*, Paris, Flammarion, « Champs Sciences », 2009.

CHAPITRE 1
Au petit théâtre social

1. Citation extraite de la préface dans Paul Valéry, *Monsieur Teste*, Paris, Gallimard, « L'Imaginaire », 1978.
2. Aspie : diminutif affectueux qu'utilisent souvent les personnes qui présentent un syndrome d'Asperger.

3. Wing L., « Reflections on opening Pandora's box », *Journal of Autism and Developmental Disorders*, 2005, 35, 2, p. 197-203.
4. Frith U., *Autism : Explaining the Enigma*, Oxford, Blackwell Publishing, 1989 ; trad. fr. *L'Énigme de l'autisme*, Paris, Odile Jacob, Paris, 1996.
5. Frith U., *Autism : Explaining the Enigma*, Oxford, Blackwell Publishing, 2003 ; trad. fr. *L'Énigme de l'autisme*, Paris, Odile Jacob, 2010, nouvelle édition.
6. https://icd.who.int/browse11/l-m/en.
7. American Psychiatric Association, *DSM-5 : Diagnostic and Statistical Manual of Mental Disorders*, Washington D.C. American Psychiatric Association, 2013, 5e édition.
8. Vermeulen P., *Comprendre les personnes autistes de haut niveau. Le syndrome d'Asperger à l'épreuve de la clinique*, Paris, Dunod, 2013.
9. Lai M. C., Baron-Cohen S., « Identifying the lost generation of adults with autism spectrum conditions », *The Lancet Psychiatry*, 2015, 2 (11), p. 1013-1027.
10. Courchesne E. *et al.*, « Neuron number and size in prefrontal cortex of children with autism », *JAMA*, 2011, 306 (18). Courchesne E. *et al.*, « Mapping early brain development in autism », *Neuron*, 2007, 56, p. 399-413. Casanova E. *et al.*, « Minicolumnar abnormalities in autism », *Acta Neuropathol.*, 2006, 112, p. 287-303. Opris I., Casanova M. F., « Prefrontal cortical minicolumn : From executive control to disrupted cognitive processing », *Brain*, 2014, 137, p. 1863-1875. Minshew N. J., Williames D. L., « The new neurobiology of autism : Cortex, connectivity, and neuronal organization », *Arch. Neurol.*, 2007, 64, p. 945-950.

CHAPITRE 2

Le monde tel que le voient les autistes

1. Leekam S. R., Neito C., Libby S. J., Wing L., Gould J., « Describing the sensory abnormalities of children and adults with autism », *J. Autism Dev. Disord.*, 2001, 37, p. 894-910. Blakemore S. J., Tavassoli T., Calo S., Thomas R. M., Catmur C., Frith U., Haggard P., « Tactile sensitivity in Asperger syndrome », *Brain Cogn.*, 2006, 61, p. 5-13. Mottron L., Burack J. A., Stauder J. E., Robaey P., « Perceptual processing among high-functioning persons with autism », *J. Child Psychol. Psychiatry*, 1999, 40, p. 203-211. Bonnel A., Mottron L., Peretz I., Trudel M., Gallun E., Bonnel A.-M. , « Enhanced pitch sensitivity in individuals with autism : A signal detection analysis », *J. Cogn. Neurosci.*, 2003, 15, p. 226-235.
2. Baron-Cohen S., « Systemizing quotient : An investigation of adults with Asperger syndrome or high-functioning autism, and normal sex differences », *Philos. Trans. R. Soc. Lond. B Biol. Sci.*, 2003, 358 (1430), p. 361-374.

3. Baron-Cohen S., « The extreme male brain theory of autism », *Trends in Cognitive Sciences*, 2002, 6 (6), p. 248-254 ; article traduit en français sur le site http://terrain.revues.org/1703. Lutchmaya S. *et al.*, « Foetal testosterone and eye contact in 12-month-old infants », *Inf. Behav. Dev.*, 2002 (3), 25, p. 327-335.
4. Connellan J. *et al.*, « Sex differences in human neonatal social perception », *Inf. Behav. Dev.*, 2001, 23 (1), p. 113-118.
5. Jolliffe T., Baron-Cohen S., « Are people with autism or Asperger's Syndrome faster than normal on the Embedded Figures Task ? », *J. Child. Psychol. Psychiatry*, 1997, 38 (5), p. 527-534. O'Riordan M. *et al.*, « Superior visual search in autism », *J. Exp. Psychol. Hum. Percept. Perform.*, 2001, 2 (3)7, p. 9-30.
6. Baron-Cohen S., et *al.*, « The "Reading the Mind in the Eyes Test" revised version : A study with normal adults, and adults with Asperger syndrome or high-functioning autism », *J. Child Psychol. Psychiatry*, 2001, 42 (2), p. 241-251 ; Prévost M. *et al.*, « The "Reading the Mind in the Eyes Test" : Validation of a French version and exploration of cultural variations in a multi-ethnic city », *Cognitive Neuropsychiatry*, 2013, 19 (3), p. 189-204.
7. Baron-Cohen S. *et al.*, « Recognition of faux pas by normally developing children and children with Asperger Syndrome or high-functioning autism », *J. Autism Dev. Disord.*, 1999, 29 (5), p. 407-418. Version pour les adultes : Stone V.E., Baron-Cohen S., Knight R.T., « Frontal lobe contributions to theory of mind », *J. Cogn. Neurosci.*, 1998, 10 (5), p. 640-656 ; téléchargeable sur http://docs.autismresearchcentre.com/tests/FauxPas_Adult.pdf.
8. Holliday-Willey L., *Pretending to Be Normal*, Londres, Jessica Kingsley, 1999.
9. http://nonverbalreasoning.net/css/images/non_Verbal_Reasoning_net_ravens_matrices_q05.jpg
10. Supekar K., Uddin L. Q., Khouzam A., Phillips J., Gaillard W. D., Kenworthy L. E., Yerys B. E., Vaidya C. J., Menon V., « Brain hyperconnectivity in children with autism and its links to social deficits », *Cell Rep.*, 2013, 5 (3), p. 738-747.
11. Markram H., Rinaldi T., Markram K., « The intense world syndrome : An alternative hypothesis for autism », *Front. Neurosci.*, 2007, 1 (1), p. 77-96.
12. Gervais H. *et al.*, « Abnormal cortical voice processing in autism », *Nature*, 2004, 7 (8), p. 801-802. Zilbovicius *et al.*, « Autism, the superior temporal sulcus and social perception », *Trends Neurosci.*, 2006, 29 (7), p. 359-366. .
13. Mottron L., *L'Autisme : une autre intelligence. Diagnostic, cognition et support des personnes autistes sans déficience intellectuelle*, Bruxelles, Mardaga, 2004.
14. Premack D., Woodruff G., « Does the chimpanzee have a theory of mind ? », *Behavior. Brain Sci.*, 1978, 1 (4), p. 515-526.
15. Leslie A. M., « Pretense and representation : The origins of "theory of mind" », *Psychological Review*, 1987, 94 (4), p. 412-426.

16. Baron-Cohen S., « The autistic child's theory of mind : A case of specific developmental delay », *J. child Psychol. Psychiatry*, 1989, 30 (2), p. 285-297.
17. Frith U., *Autism : A Very Short Introduction*, Oxford, Oxford University Press, 2008.
18. Callaghan T. *et al.*, « Research reports synchrony in the onset of mental-state reasoning », *Psychological Science*, 2005, 16 (5), p. 378-384.
19. Rizzolatti G. *et al.*, « Localization of grasp representations in humans by PET : 1. Observation versus execution », *Exp. Brain Res.*, 1996, 111 (2), p. 246-252.
20. Enticott P. G. *et al.*, « Mirror neuron activity associated with social impairments but not age in autism spectrum disorder », *Biol. Psychiatry*, 2012, 71 (5), p. 427-433.
21. Williams J. H., Whiten A., Suddendorf T., Perrett D. I., « Imitation, mirror neurons and autism », *Neurosci. Biobehav. Rev.*, 2001, 25 (4), p. 287-295.
22. Attwood T., *Le Syndrome d'Asperger et l'autisme de haut niveau*, Paris, Dunod, 2003.
23. Schultz R. T. *et al.*, « Abnormal ventral temporal cortical activity during face discrimination among individuals with autism and Asperger syndrome », *Arch. Gen. Psychiatry*, 2000, 57 (4), p. 331-340. Pierce K., Müller R.-A., Ambrose J., Allen G., Courchesne E., « Face processing occurs outside the fusiform "face area" in autism : Evidence from functional MRI », *Brain*, 2001, 124 (10), p. 2059-2073.
24. Zilbovicius M., Boddaert N., Belin, P., Poline J. B., Remy P., Mangin J. F., Thivard L., Barthélémy C., Samson Y., « Temporal lobe dysfunction in childhood autism : A PET study. Positron emission tomography », *Am. J. Psychiatry*, 2000, 157 (12), p. 1988-1993.
25. Gervais H., Belin P., Boddaert N., Leboyer M., Coez A., Sfaello I., Barthélémy C., Brunelle F., Samson Y., Zilbovicius M., « Abnormal cortical voice processing in autism », *Nat. Neurosci.*, 2004, 7 (8), p. 801-802.
26. Lucas R., *La Vie à mille décibels*, Paris, Albin Michel, 2017.

CHAPITRE 3

L'invisibilité, une particularité bien féminine

1. http://www.slate.fr/story/148131/femmes-autistes-ignorent.
2. Mademoiselle Caroline, Julie Dachez, *La Différence invisible*, Paris, Delcourt/Mirage, 2016.
3. À ce titre, nous remercions Marie Rabatel, présidente de l'AFFA, première Association francophone de femmes autistes (https://femmesautistesfrancophones.com), et Myriam Sarbac de l'association Asperger Amitié (https://www.asperger-amitie.com).

CHAPITRE 4

L'autisme et les troubles associés

1. Benabou M., Rolland T., Leblond C. S., Millot G. A., Huguet G., Delorme R., Leboyer M., Pagan C., Callebert J., Maronde E., Bourgeron T., « Heritability of the melatonin synthesis variability in autism spectrum disorders », *Sci. Rep.* 2017, 7 (17746). Geoffray M. M., Nicolas A., Speranza M., Georgieff N., « Are circadian rhythms new pathways to understand Autism Spectrum Disorder ? », *J. Physiol.*, Paris, 2016, 110 (4 Pt B), p. 434-438.
2. Gillberg C., Billstetdt E., « Autism and Asperger syndrome : Coexistence with other clinical disorders », *Acta Psychatria Scandinavia*, 2000, 102 (5), p. 321-330.
3. Chisholm K., Lin A., Abu-Akel A., Wood S. J., « The association between autism and schizophrenia spectrum disorders : A review of eight alternate models of co-occurrence », *Neurosci. Biobehav. Rev.*, 2015, 55, p. 173-183.

CHAPITRE 5

Surdoué ou autiste de haut niveau ?

1. Boschi A. *et al.*, « From high intellectual potential to Asperger Syndrome : Evidence for differences and a fundamental overlap – A systematic review », *Front. Psychol.* 2016, 7, p. 1605. Pfeiffer S. I., « The gifted : Clinical challenges for child psychiatry », *J. Am. Acad. Child Adolesc. Psychiatry*, 2009, 48, p. 787-790.
2. Wechsler D.,*Wechsler Intelligence Scale for Children – Fourth Edition (WISC-IV)*, San Antonio, The Psychological Corporation, 2003.
3. Guénolé F., Louis J., Creveuil C., Baleyte J.-M., Montlahuc C., Fourneret P. *et al.*, « Behavioral profiles of clinically referred children with intellectual giftedness », *Biomed. Res. Int.*, 2013, p. 540153.
4. Doobay A. F., Foley-Nicpon M., Ali S. R., Assouline S. G., « Cognitive, adaptive, and psychosocial differences between high ability youth with and without autism spectrum disorder », *J. Autism Dev. Disord.*, 2014, 44, p. 2026-2040.
5. Liratni M., Pry R., « Enfants à haut potentiel intellectuel : psychopathologie, socialisation et comportements adaptatifs. Gifted children: psychopathology, socialization and adaptive behaviors », *Neuropsychiatr. enfance adolesc.*, 2011, 59, p. 327-335. Little C., « Which is it ? Asperger's Syndrome or giftedness ? Defining the differences », *Gifted Child Today*, 2002, 25, p. 58-63. Vaivre-Douret L., « Spécificités développementales du jeune enfant à "hautes potentialités" », *La Revue de santé scolaire et universitaire*, 2012, 18, p. 12-13. Vaivre-Douret L., « Development specificities of young children

of high intellectual potential », *Approche neuropsychol. apprentissages enfant*, 2012, 24 (119), p. 445-455. Jambaqué I.,« Contribution de la neuropsychologie développementale à l'étude des sujets à haut potentiel : une revue de questions. Contribution of developmental neuropsychology to the study of gifted individuals », *Psychol. Française*, 2004, 49 (3), p. 267-276.

6. Lovecky D. V., *Different Minds : Gifted Children with AD/HD, Asperger Syndrome, and Other Learning Deficits*, Londres, Jessica Kingsley Publishers, 2003.
7. Baron-Cohen S. *et al.*, « Talent in autism : Hyper-systemizing, hyper-attention to detail and sensory hypersensitivity », *Phil. Trans. R. Soc. B*, 2009, 364, p. 1377-1383.
8. https://fr.wikipedia.org/wiki/Rubik%27s_Cube.

DEUXIÈME PARTIE

L'autisme, une autre façon de penser…

CHAPITRE 6

L'autisme : maladie ou (neuro)diversité ?

1. Soulières I. *et al.*, « Enhanced visual processing contributes to matrix reasoning in autism », *Hum. Brain Mapp.*, 2009, 30, p. 4082-4107. Gernsbacher M. A., « Neural diversity », *Observer*, 2007, 20, p. 43-45. Gaffrey M. S. *et al.*, « A typical participation of visual cortex during word processing in autism : An fMRI study of semantic decision », *Neuropsychologia*, 2007, 45, p. 1672-1684. Samson F. *et al.*, « Enhanced visual functioning in autism : An ALE meta-analysis », *Hum. Brain Mapp.*, 2012, 33 (7), p. 1553-1581. Pellicano E. *et al.*, « Multiple cognitive capabilities/deficits in children with an autism spectrum disorder : "Weak" central coherence and its relationship to theory of mind and executive control », *Dev. Psychopathol.*, 2006, 18 (1), p. 77-98.
2. Plaisted K. *et al.*, « Enhanced visual search for a conjunctive target in autism : A research note », *J. Child Psychol. Psychiatry*, 1998, 39 (5), p. 777-783.
3. Heaton P. J., « Pitch memory, labelling and disembedding in autism », *J. Child Psychol. Psychiatry*, 2003, 44 (4), p. 543-551.
4. Perreault A. *et al.*, « Increased sensitivity to mirror symmetry in autism », *PLoS ONE*, 2011, e19519.
5. Mottron L. *et al.*, « Enhanced perception in savant syndrome : patterns, structure and creativity », *Phil. Trans R. Soc. Lond. B. Biol. Sci.*, 2009, 364 (1522), p. 1385-1391.

6. *Ibid.*
7. Baron-Cohen S., « Is Asperger syndrome/high-functioning autism necessarily a disability ? », *Dev. Psychopathol.*, 2000, 12 (3), p. 489-500.
8. Mottron L., *L'Autisme, une autre intelligence : Diagnostic, cognition et support des personnes autistes sans déficience intellectuelle ?*, *op. cit.*
9. Mottron L., « Changing perceptions : The power of autism », *Nature*, 2011, 479 (7371), p. 33-35.
10. Silberman S., *NeuroTribes : The Legacy of Autism and the Future of Neurodiversity*, New York, Avery, 2016.
11. https://www.cdc.gov/.
12. Windham G. C., Fessel K., Grether J. K., « Autism spectrum disorders in relation to parental occupation in technical fields », *Autism Research*, 2009, 2, p. 183-191. Baron-Cohen S., Hammer J., « Parents of children with Asperger syndrome : What is the cognitive phenotype ? », *Journal of Cognitive Neuroscience*, 1997, 9 (4), p. 548-554.
13. Roelfsema M. T., « Are autism spectrum conditions more prevalent in an information-technology region ? A school-based study of three regions in the Netherlands », *J. Autism Dev. Disord.*, 2012, 42 (5), p. 734-739.
14. Baron-Cohen S. *et al.*, « Is there a link between engineering and autism ? » *Autism*, 1997, 1 (1), p. 153-163.
15. Ruzich E. *et al.*, « Sex and STEM Occupation Predict Autism-Spectrum Quotient (AQ) scores in half a million people », *PLoS One*, 2015, 10 (10), e0141229.
16. Baron-Cohen S., Wheelwright S., Skinner R., Martin J., Clubley E., « The autism-spectrum quotient (AQ) : Evidence from Asperger syndrome/high-functioning autism, males and females, scientists and mathematicians », *J. Autism Dev. Disord.*, 2001, 31 (1), p. 5-17.
17. Blume H., « Autistics, freed from face-to-face encounters, are communicating in cyberspace », *The New York Times*, 30 juin 1997 : http://www.nytimes.com/1997/06/30/business/autistics-freed-from-face-to-face-encounters-are-communicating-in-cyberspace.html.
18. Blume H., « Neurodiversity : On the neurological underpinnings of geekdom », *The Atlantic*, septembre 1998.
19. Muskie, « Institute for the Study of the Neurologically Typical », sur isnt.autistics.org, 1998, repris dans l'article de Wikipédia sur la neurodiversité.
20. Sinclair J., « Don't mourn for us », 2003, conférence sur l'autisme à Toronto, initialement publiée sous forme d'article en 1993 dans *Our Voice : The Newsletter of Autism Network International* et réédité par The Edmonds Institute, 2005.
21. Asperansa, Association pour la sensibilisation à la protection, l'éducation et la recherche sur l'autisme, et notamment le syndrome d'Asperger, https://www.asperansa.org.

22. Emerson R. W. *et al.*, « Functional neuroimaging of high-risk 6-month-old infants predicts a diagnosis of autism at 24 months of age », *Sci. Transl. Med.*, 2017, 9 (393).
23. Hazlett H. C.,« Early brain development in infants at high risk for autism spectrum disorder », *Nature,* 2017, 542 (7641), p. 348-351.
24. Yenkoyana K. *et al.*, « Advances in understanding the pathophysiology of autism spectrum disorders », *Behav. Brain Research,* 2017, 331, p. 92-101.
25. Courchesne E. *et al.*, « Neuron number and size in prefrontal cortex of children with autism », *JAMA,* 2011, 306 (18), p. 2001-2010.
26. Courchesne E. *et al.*, « Mapping early brain development in autism », *Neuron,* 2007, 56 (2), p. 399-413.
27. Minshew N. J., Williams D. L., « The new neurobiology of autism : Cortex, connectivity, and neuronal organization », *Arch. Neurol.*, 2007, 64 (7), p. 945-950.
28. Eyler L. T. *et al.*, « A failure of left temporal cortex to specialize for language is an early emerging and fundamental property of autism », *Brain,* 2012, 135 (Pt 3), p. 949-960.
29. Moran J. M. *et al.*, « Impaired theory of mind for moral judgment in high-functioning autism », *Proc. Natl. Acad. Sci.*, USA, 2011, 108 (7), p. 2688-2692.
30. Lim E. T. *et* al., « Rates, distribution and implications of postzygotic mosaic mutations in autism spectrum disorder », *Nat. Neurosci.*, 2017, 20 (9), p. 1217-1224.
31. Constantino J. N. *et al.*, « Infant viewing of social scenes is under genetic control and is atypical in autism », *Nature,* 2017, 547 (7663), p. 340-344.
32. Sahin M., Sur M., « Genes, circuits, and precision therapies for autism and related neurodevelopmental disorders », *Science.* 2015, 350 (6263).
33. Chen J. A. *et al.*, « The emerging picture of autism spectrum disorder: genetics and pathology », *Annu. Rev. Pathol.*, 2015, 10, p. 111-144.
34. Geschwind D. H., « Autism : Many genes, common pathways ? », *Cell,* 2008, 135 (3), p. 391-395.
35. Mabunga D. F. N. *et al.*, « Exploring the validity of valproic acid animal model of autism », *Exp. Neurobiol.*, 2015, 24 (4), p. 285-300.
36. Madsen K. M., Hviid A., Vestergaard M., Schendel D., Wohlfahrt J., Thorsen P., Olsen J., Melbye M., « A population-based study of measles, mumps, and rubella vaccination and autism », *N. Engl. J. Med.*, 2002, 347 (19), p. 1477-1482.
37. Licinio J. et *al.*, « Autoimmunity in autism », *Mol. Psychiatry,* 2002, 7, p. 329.
38. Vuong H. E., Hsiao E. Y., « Emerging roles for the gut microbiome in autism spectrum disorder », *Biol. Psychiatry,* 2017, 81 (5), p. 411-423. Rosenfeld C. S., « Microbiome disturbances and autism spectrum disorders », *Drug Metab. Dispos.*, 2015, 43 (10), p. 1557-1571. MacFabe D. F., « Short-chain

fatty acid fermentation products of the gut microbiome : Implications in autism spectrum disorders », *Microb. Ecol. Health Dis.*, 2012, 23, p. 10.
39. Parker K. J. *et al.*, « Intranasal oxytocin treatment for social deficits and biomarkers of response in children with autism », *Proc. Natl. Acad. Sci. USA*, 2017, 114 (30), p. 8119-8124.
40. Lemonnier E. *et al.*, « Effects of bumetanide on neurobehavioral function in children and adolescents with autism spectrum disorders », *Transl. Psychiatry*, 2017, 7 (3), e1056.
41. Mozzi A., Sironi M. *et al.*, « Distinct selective forces and Neanderthal introgression shaped genetic diversity at genes involved in neurodevelopmental disorders », *Sci. Rep.*, 2017, 7 (1), p. 6116.
42. Bachelard G., *La Terre et les Rêveries du repos*, Paris, José Corti, 1948, chapitre VIII, 3, p. 262-263.
43. Isbell L. A., *The Fruit, the Tree, and the Serpent : Why We See So Well*, Cambridge, Harvard University Press, 2009.
44. Isbell L. A., Erting S. F., « Scales drive detection, attention, and memory of snakes in wild vervet monkeys (Chlorocebus pygerythrus) », *Primates*, 2017, 58 (1), p. 121-129.
45. Isomura T. *et al.*, « Delayed disengagement of attention from snakes in children with autism », *Front Psychol.*, 2015, 6, p. 241.
46. Kawai N., He H., « Breaking snake camouflage : Humans detect snakes more accurately than other animals under less discernible visual conditions », *PLoS One*, 2016, 11 (10), e0164342.
47. http://www.vaincrelautisme.org/.
48. Sajidi M., « Neurodiversite : point de vue du président de Vaincre l'autisme », blog de *L'Express*, 6 octobre 2014, http://blogs.lexpress.fr/think-and-do/2014/10/06/neurodiversite-point-de-vue-du-president-de-vaincre-lautisme/.
49. Forest D., « Les ambiguïtés de la neurodiversité : un droit à la différence ? », *Méd./Sci. (Paris)*, 2016, 32 (4), p. 412-416. Article intégral sur le site Médecines/sciences, https://www.medecinesciences.org/en/articles/medsci/pdf/2016/05/medsci20163204p412.pdf.
50. Forest D., *Neuroscepticisme*, Paris, Ithaque, 2014.

CHAPITRE 7

L'histoire et le sens

1. Czech H., « Hans Asperger, National Socialism, and "race hygiene" in Nazi-era Vienna », *Molecular Autism*, 2018, 9, p. 29.
2. Kanner L., « Autistic disturbance of affective contact », *Nervous Child*, 1943, 2, p. 217-250.
3. Asperger H., « Die "Autistischen Psychopathen" im Kindesalter », *Archiv für Psychiatrie und Nervenkrankheiten*, 944, 117 (1).

4. Wing L., « Asperger's syndrome : A clinical account », *Psychological Medicine*, 1981, 11 (1), p. 115-129.
5. Lyons V., Fitzgerald M., « Did Hans Asperger (1906-1980) have Asperger Syndrome ? », *Journal of Autism and Developmental Disorders*, 2007, 37 (10), p. 2020-2021.
6. Feinsteins A., A *History of Autism : Conversations with the Pioneers*, Wiley & Blackwell, 2010.
7. Silberman S., *NeuroTribes*, *op. cit.*, 2016.
8. Kevles D., *In the Name of Eugenics : Genetics and the Uses of Human Heredity*, New York, Knopf, 1985.
9. Waltz M., *Autism : A Social and Medical History*, New York, Springer, 2013.
10. Kennedy F., « The problem of social control of the congenital defective : Education, sterilization, euthanasia », *Am. J. Psychiatry*, 1942, 99, p. 13-16.
11. https://en.wikipedia.org/wiki/List_of_medical_eponyms_with_Nazi_associations.
12. Frith U., Singh Gujral S., « What we must learn from Asperger exposé », interview, *The Guardian*, 22 avril 2018.

TROISIÈME PARTIE

Comment aider les caméléons sociaux

CHAPITRE 8

Quelques pistes pour aller mieux

1. Peeters T., *Autisme, de la compréhension à l'intervention*, Paris, Dunod, 1996, 2009. Rogé B., *Autisme, comprendre et agir*, Paris, Dunod, 2003.
2. Laxer G., Tréhin P., Rogé B., *Les Troubles du comportement associés à l'autisme et autres handicaps mentaux*, Paris, Autisme France Diffusion, 2008.
3. Schopler E., Reisler R. J., Lansing M., *Stratégies éducatives de l'autisme et des autres troubles du développement*, Paris, Masson, 2002.
4. Leaf R., McEachin J., *Autisme et ABA. Une pédagogie du progrès*, Paris, Pearson Education, 2006.
5. Gray C., *Livre de scénarios sociaux*, Future Horizons, 1997 ; et *Apprivoiser la jungle de la cour de récréation*, Future Horizons, 1997.
6. Ekman P., *Emotion in the Human Face*, Malor Books, 1982.

CHAPITRE 9
Exploiter ses capacités intellectuelles et développer ses centres d'intérêt pour pouvoir en faire un jour son métier

1. Hauriot H., *Autisme, j'accuse*, Paris, L'Iconoclaste, 2018.
2. Faucher L., *Aspie vous avez dit Aspie*, Paris, Amalthée, 2015.
3. https://www.alafabrique-editions-handicap.com/cache/documents/content/opportuniteasperger-compagniedested-atypiketcompagnie-sept2012-1.pdf, plaquette d'information pour l'embauche des personnes asperger.

Conclusion

1. Pour paraphraser OMJG Sennin, sur son blog Lost in Space, perdudansles-pace.wordpress.com.

Remerciements

Nos sincères remerciements vont à Alexandra F. qui nous a fait bénéficier de son témoignage d'Aspergirl aguerrie, ainsi qu'à tous nos patients du spectre autistique qui nous offrent le privilège de mieux connaître leur extraordinaire neurodiversité.

Nous remercions également très chaleureusement Marie Rabatel (présidente de l'AFFA, https://femmesautistesfrancophones.com) et Myriam Sarbac (présidente d'Asperger Amitié, https://www.asperger-amitie.com) sans l'aide de qui notre enquête sur les violences sexuelles faites aux femmes du spectre autistique n'aurait pas été possible.

Merci à Annabel, petit caméléon, pour l'énergie qu'elle a déployée à nous faire de magnifiques dessins.

Merci également à nos collègues Stéphanie Antoine, orthophoniste et le docteur François Pinabel, psychiatre, avec qui nous échangeons tellement souvent et qui nous aident à y voir plus clair.

Enfin, merci à mon amie Chrystel qui a patiemment relu ces lignes et usé de ces connaissances d'institutrice aguerrie pour nous remettre dans le droit chemin de la bonne expression française.

Table

DEUXIÈME PARTIE

L'autisme, une autre façon de penser…

OUVRAGES DE DAVID GOURION
CHEZ ODILE JACOB

La Fragilité psychique des jeunes adultes. 15-30 ans : prévenir, aider et accompagner, 2015.

Le Meilleur de soi-même. Empathie, attachement et personnalité (avec Henri Lôo), 2011.

Les Nuits de l'âme. Guérir de la dépression (avec Henri Lôo), 2007.

Ouvrage proposé par Christophe André

Cet ouvrage a été composé
en Electra et en Whitney
par Nord Compo
à Villeneuve-d'Ascq (Nord).

Imprimé en France